U0675422

George S. Patton

巴顿画传

时影/编著

作家出版社

George
OLYMPISKA SPELEN
1912

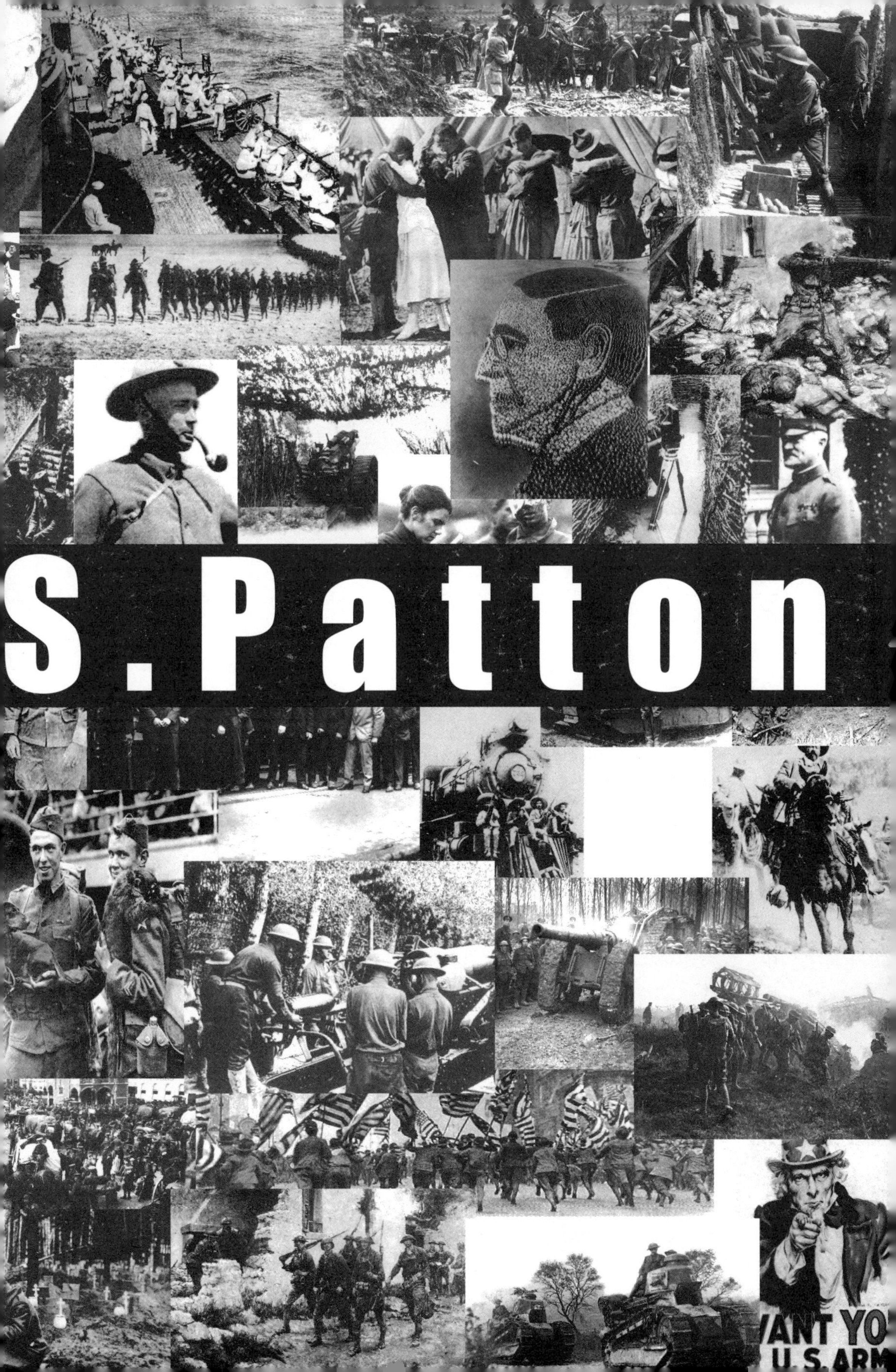

S.Patton

图书在版编目（CIP）数据

巴顿画传 / 时影编著. — 北京：作家出版社，2015.9
（名人画传丛书）
ISBN 978-7-5063-8391-2

Ⅰ. ①巴… Ⅱ. ①时… Ⅲ. ①巴顿，G.S.（1885～1945）—传记—画册 Ⅳ. ①K837.125.2-64

中国版本图书馆 CIP 数据核字（2015）第 241183 号

巴顿画传

作　　者：时　影
责任编辑：张　平
装帧设计：陈　燕
出版发行：作家出版社
社　　址：北京农展馆南里 10 号　　邮　　编：100125
电话传真：86-10-65930756（出版发行部）
86-10-65004079（总编室）
86-10-65015116（邮购部）
E-mail:zuojia@zuojia.net.cn
http://www.haozuojia.com（作家在线）
印　　刷：北京市玖仁伟业印刷有限公司
成品尺寸：170×240
字　　数：41 千
印　　张：14.5
版　　次：2016 年 1 月第 1 版
印　　次：2016 年 1 月第 1 次印刷
ISBN 978-7-5063-8391-2
定　　价：32.00 元

目 录

George S. Patton

引子：将星陨落

1945 年冬天的一天，许多美国军人聚集在卢森堡的哈姆美军公墓，安慰着一位新守寡的妇人。在他们身后，一座新坟刚刚安葬了第二次世界大战中最伟大的战士——乔治·史密斯·巴顿将军。

在胜利半年多后，这位战争英雄在去打猎的途中死于车祸。

跟随他多年的勤务兵把灵柩上覆盖的国旗交到巴顿夫人手中，人们眼中流下了热泪。一位军士走过来对巴顿夫人说："请您节哀！我认识您的丈夫。一次，我开的车陷入了深泥，恰巧一辆吉普车驶近，开车的人随即喊道：'你们这帮混蛋，把车推上去。'我们按着他说的做了。我在推车时才发现，和我一样推车的这位将军正是您的丈夫。是的，夫人，我们佩服他。"

这位满嘴粗话但是爱兵如子的铁汉，是军中最受人爱戴也最富有争议的将军。谁也不会忘记他对别人表达爱的方式，他往往在一个人的名字前面加上"狗娘养的"。

巴顿的死虽然令人惋惜，但是和平已经来临。在普通美国人的记忆中，他渐渐远去。只有很多年后美国在越南惨败，大家才想起军神巴顿，银幕上也出现了他的影片。

越来越多的人，开始通过各种途径，来了解了这位"士兵领袖"的传奇一生。

第一章 将门虎子

乔治·史密斯·巴顿，1885 年 11 月 11 日出生在加利福尼亚圣加布利埃尔的外祖母家。这是一个富有的农场主家庭，从很小的时候起，保姆就带着巴顿看守农场，家人希望他成为他外公威尔逊先生那样的百万富翁。后来巴顿一天天长大，性格果然极像他从来没见过的外公——暴躁、忠诚，且富有责任感。

巴顿家族是真正的将门，他的祖父巴顿上校是弗吉尼亚军校的毕业生，在 1864 年 9 月内战中的温切斯特战役中受了伤，不久他就死了。随后，联盟军队授予他准将军衔。

荣耀不能当饭吃，巴顿的父亲很快陷入穷困的境地。他努力工作，补贴家用，帮母亲拉扯没成年的弟弟、妹妹。

根据当时的规定，弗吉尼亚州有权指定有资格的学员进入弗吉尼亚军校学习，其中有一些名额是留给那些在内战中死去的联盟军官的子嗣们的。于是，巴顿的父亲进入了弗吉尼亚军校学习。

不过由于没仗打，毕业后他没有从军，而是做了一名律师。但是他心里有一个念头，希望自己的儿子以后成为一名优秀的军人，以继承巴顿家族的荣耀。

和父亲同名的乔治·史密斯·巴顿，就是在这样的期望之下成长起来的。

他的玩具从小就是农场里的马、爸爸的军刀，后来还多了步枪，他很爱家里的那匹马。他曾经在 1927 年的一篇文章《我的父亲》中写道："爸爸常告诉我，为了让家里的日子富裕一点，他操心得要死。我说我也想操心。他问我为什么，我说我怕他会卖掉布洛克——他的一匹纯种马。"

巴顿先生时常会带着儿子在房后比剑，父亲用爷爷的军刀，儿子则用父亲的军刀。父亲还给儿子朗读荷马的《伊里亚特》和《奥德赛》。读完之后他告诉儿子，要做个古希腊英雄阿基里斯那样的人。

巴顿从小就是被当作英雄培养的，十岁左右的时候，父亲买了一支步枪送给他，他到屋后试枪。父亲把橘子放在篱笆上，他一枪就把它打掉了，父亲激动地拥抱了他，母亲也为他欢呼。父亲在枪柄上刻下“乔治·史密斯·小巴顿”，以说明该枪属于巴顿。可是儿子却把中间的那个“小”字去掉了，然后他告诉父亲说：“这下咱们俩都可以用它了！”

那时候，巴顿最大的愿望不是做将军，而是做一个上等兵，他觉得上等兵这个名字好像更霸气一些。他有一个专门做木匠活儿的小屋，在那里父亲和他一起动手，两人合力做了一艘玩具船。

一天，父亲说要给他做一把刀，他们从鸡圈的栅栏上抽了一根板条，用它做了一把带十字护手的军刀，后来小巴顿自己又做了许多类似的武器。木匠活儿提高了他的动手能力和独立精神，对他日后的行事风格有了很大的影响。

他很希望成为一名骑兵军官，他后来在回忆录中写道：“有一次我带着我的枪，和爸爸骑着马爬上桃花岭，我给枪装子弹的时候，马鞍翻了，我结结实实地摔了一跤，但没怎么着。当时我用的马鞍，是爷爷临死前还在用的那个。鞍头上有一小块暗红，我想大概是他的血。爸爸也是用这个马鞍学会骑马的。”

不过他也对机器着迷，他得到过两个机器的生日礼物——蒸汽机车的模型和引擎模型，这两样东西让他爱不释手。他仔细研究了它们的构造，然后异想天开地想，如果开着火车去打仗，不知道感觉会如何。不料，这个幻想变成了现实，日后他的坦克部队横扫了整个西欧。

巴顿父亲的事业并不算太成功，他参加了国会议员选举，但是没选上，孩子们很高兴。因为这样，他们的父亲不会离他们太远而不能回家。父亲开始确实郁闷了一阵，他更加坚定了让孩子接受良好教育的想法。

1895 年 9 月，小巴顿十岁那年，爸爸妈妈决定让他去男子古典中学去念书，这个学校是由斯蒂芬·卡特·克拉克兄弟主办的。报名那天，一家人乘着那辆旧四轮马车去了学校。

回家的路上，爸爸扭过头伤感地对他说："孩子，从今以后我们的路就要分开了。"

巴顿后来说，他从来没有忘记这句话："尽管我们离得越来越远了，我们的心却从来没有分开过。"

⊙ 1885 年 11 月 11 日，乔治·史密斯·巴顿出生于美国加利福尼亚州南部的圣加布利埃尔。图为七岁时的巴顿。

⊙少年巴顿酷爱钓鱼，图为巴顿钓到了一条大鱼。

⊙这是一幅描绘美国独立战争的油画，北美联军总司令乔治·华盛顿在普林斯顿战役中，笔直地坐在马背上，他的手越过英军的头顶指向胜利。在这次战役中，巴顿引以为豪的休·摩塞将军负伤而亡。休·摩塞将军是巴顿高祖父的岳父，在美国独立战争中，他任华盛顿领导的大陆军准将。他为家族确定的信条是："摩塞，勇敢战斗！千万不能辱没家族的荣誉！万万不能玷污我们古老的姓氏！"巴顿对这位先祖极为崇拜，对他的训诫也一直严守不渝。

⊙十九世纪五十年代，美国社会动荡不安，两种社会制度——北部先进的自由资本主义制度和南部落后的黑人奴隶制之间，为争夺黑人劳动力市场和西部广袤肥沃的土地展开了你死我活的尖锐斗争，废奴主义运动愈演愈烈。巴顿的祖父是顽固站在奴隶主立场上的，坚决反对废奴运动。后来在南北战争中他参加了南部联军，战死于温切斯特战役中。本图所描绘的是一些黑奴，正从一艘密西西比河的汽船上卸下食品和必需品。

⊙赞成废奴主义的作家斯托夫人的小说《汤姆叔叔的小屋》发表于 1852 年，对美国社会产生了巨大的影响，并引起了一场解放黑奴的社会变革。这幅来自该书的原版插图，表现了一个奴隶主正在殴打小说的主人公——黑奴汤姆的情景。

⊙美国南北战争中，在一名孤独的哨兵的守卫下，一面破旧的南方联盟旗帜，在南卡罗来纳州萨姆特要塞中被摧毁的掩体上空飘扬。此要塞在南部七州宣布脱离联邦两个月后——即 1861 年 4 月被南方夺取，这标志着内战的开始。

⊙巴顿的祖父。他参加过美国南北战争，被巴顿视为英雄，并引以为豪。

⊙巴顿的祖父。

⊙美国南北战争打响后，巴顿的祖父率部加入南部联盟军，任弗吉尼亚第二十二步兵团一个连队的连长，后晋升为第二十二骑兵团团长、上校，参加厄尔利将军对联邦首府华盛顿进行的偷袭战。1864 年 9 月，在第三次温切斯特之战中阵亡。图为南部盟军的新兵们。

in a great measure relieve one
of my present embarrassment.
I have since I left the Military
Institute, paid much attention
to military science, and if it
should be the pleasure of the
Governor & Council to give me
promotion - I will endeavor to
perform my duty faithfully in
whatever sphere of action to which
I may be called.
I may be permitted to suggest
that but few, and minor appoin
tments have been allotted to
this section of the State - and
that true Virginians here have
some need of encouragement.
I leave the suggestion of rank &
place of service without any remark
leaving it entirely to your discretion.
I may add in conclusion that
if the good of the service requires
me to remain in my present
position - I will most cheerfully
use my every energy - to serve

⊙巴顿祖父在南北战争时期写的家信。

⊙少年巴顿依偎在父亲厚实的肩膀上，眼神中流露出一种无忧无虑的信赖。

⊙巴顿在斯蒂芬·卡特·克拉克私立学校就读时，历史上许多军事统帅们富有传奇色彩的战争故事使他迷恋不已。汉尼拔、恺撒、圣女贞德、拿破仑等等，都向他展示了充满活力的个人领导才能和神秘莫测的军事艺术魅力。图为圣女贞德落入英国人手中，被判为异端并被焚烧致死的场景。

⊙征服者恺撒令巴顿从小就心生敬佩之情。在这块罗马浮雕上，一个不戴帽子的凯尔特人正在一个圆形的小屋前抵抗一个戴头盔的罗马士兵。公元前五十年，恺撒攻占了凯尔特的乌克塞洛达南关隘之后，砍掉了“所有能拿武器的人”的双手。他的一个副官描述道：“由此，每个人都能看到那些坏人是怎样被处罚的。”

⊙拿破仑是巴顿从小崇敬的另一个伟人。画面上的这个法兰西皇帝拿破仑·波拿巴，双眉紧蹙，扫视着战场。他凭借着天才的军事韬略和政治敏锐，在二十年间从一个科西嘉的小贵族变成了主宰大半个欧洲的人物。

第二章　学校和军校

巴顿在克拉克博士的学校学习了六年，他的语音和拼写成绩平平，但操行在班里堪称楷模。其中最吸引他的是历史课，这是他学得最好的一科。

学校的历史课用丰富的战争实例加以充实，老师们把历史演示成一个由真实的人所构成的故事。他们与世上不同的困难搏击着，斗争着，每个人都在创造历史。如果一个人要多负担一些工作并获取名望，必须要更加努力。

老师们强调，爱国和献身是公民应有的品质，人的成败不可避免地由人的性格决定。

在这所学校里，巴顿学会了运用逻辑思维，学会了简明扼要地写文章。不过最主要的是，他学会了如何正确地做出合乎道义的选择，他努力使自己成为一个负责而勤奋的大男人。

巴顿的作文写得很好，他的文章通常有几个不变的主题：对荣誉和认可的渴望。他幻想着通过英勇的事迹获得成功和名气，同时享受物质生活的安逸和舒适。

他也一直在文章中表明了这样一个思想，即：生命中的荣誉只会属于那些渴望荣誉并竭尽全力去追求的人，坚韧不拔是成功的重要品质。

他的作文因为他的直率和幽默而显得十分出色，他也开始对一些战略战术和战场军事布局有了比较成形的想法。

他越来越渴望到军队去服役。中学毕业之后，他告诉父亲，自己要进军校，战斗是他生活的目的。

1902年夏末秋初，巴顿十七岁了，他希望成为一名真正的美国军官。巴顿的父亲也认为，这能够发挥小巴顿的潜能。

美国最好的军校是西点军校，学员从那里毕业后，立刻就能被授予少尉军衔。但是要取得西点军校的入学资格很不容易，西点当时每年只招收一百五十个新学员。

西点的入学考试非常苛刻，小巴顿虽然强壮有力，但是文化课程的考试很难及格。父亲只好给儿子奔走求人，希望有参议员能够为他推荐，这样就可以免试入学（这是符合规定的，因为他是将门后裔），但是这很难办到。于是，他把儿子送到了母校弗吉尼亚军校先学习，同时继续找关系。

巴顿在弗吉尼亚军校刻苦学习并取得优异成绩时，父亲也取得了成功。在弗吉尼亚军校毕业之前，小巴顿接到了西点军校的录取通知。

巴顿转校过去之后直接读二年级，军衔是一等下士，这已经是二年级的学生所能授予的最高军衔了。在去西点军校前，父亲带着他在里士满逗留了两天，去了七天战役的战场，瞻仰了华盛顿的雕塑，鼓励他向前人看齐。

在他入学的前一天，老巴顿陪儿子去西点军校。下午他们在校园里散步的时候，所有军校的学生都向巴顿的父亲敬礼致意，他的气质让他们以为他是军官。

巴顿越发敬佩自己的父亲，也更加珍惜学习机会了，在西点军校里他努力学习，认真训练。

他给父母写的信里，总是以是否努力、是否勤奋来品评自己身边的人，他敬佩努力的人，对那些只知道混日子的学生则表示出一种轻蔑的态度。他也时常反省自己，一旦觉得自己懒惰，他就会骂自己，深刻反省。他努力和他的同学不一样，希望做得更好。

他也写信给家乡的女友比阿特丽丝，告诉她自己的一切情况。他近乎吹牛般地告诉她，自己跳舞“把老师的眼都看直了”。他还告诉她，为了她，他愿意去参加炮兵部队，这样“活下来的概率会大一些”。

在军校里，他参加了一位将军的葬礼，他深受震撼。他看到的不是死亡，而是英雄史诗的圆满句号。那些鸣枪的卫队，那些军号，简直棒极了。

他也深深地渴望以后在一场战争胜利之后死去，然后灵魂回到世界上，听别人议论他的伟大成就（后来他也真的死在胜利之后，也有了隆重的葬礼）。

他为了这个目标而努力。他给父亲的一封信中这样写道："我学习如何杀害我的同类有一年多了，在与世界接触的这一年中，我对人类的敬意非但没有增加，反而在逐渐减少。因为即使是最好的军人，我也没有如我所愿地看到他们身上会有的那种和我一样的自我牺牲精神和对荣誉的渴望。在他们身上，我只能看到一个军人或者一个人的漫不经心、粗心大意、麻木不仁和犹豫不决。"

他明白，周围的同学将不会是能和他并驾齐驱的人，而他自己将因为自己的努力而伟大起来。但他不是一个空谈理想的大话王，他一直非常实际。在给女友的信中，他流露了自己的困惑，到底是进自己喜欢的骑兵部队，还是去无聊但提升更快一些的步兵部队呢?

她不懂这些，但是很爱他，所以他把一切都跟她说。曾经有一个拥有四百万家产的女孩喜欢巴顿，但是巴顿心里只有他的比阿特丽丝，他知道她最能了解自己。

比阿特丽丝并不喜欢军队，和平时期的军人没有战争时期那么惹女孩子喜爱。巴顿曾经想过转业，不过后来还是舍不得部队留下了。比阿特丽丝也尊重了巴顿的选择，巴顿被派到谢里登堡的军队实习，真正开始了他的带兵生涯。

和平时期的美国军队非常懒散，军士和士兵很多都没有文化，而且不爱训练。巴顿这样的年轻人去那里的时候却是带着理想的，他看到懒惰的士兵就要呵斥，见到不服从的士兵就把他们关禁闭。大家都对这位实习军官的一丝不苟感到敬畏。

但是他绝对不是简单粗暴，他曾经斥责一个听到命令后没有跑步过来的士兵说："你他妈的跑步过来。"这在很多军官当中是平常的粗口，可是他还是觉得很后悔，找到那个士兵，道了歉。

使他赢得更多尊敬的是一次步兵训练。当时他骑马指挥一百个人，突然坐骑受了惊吓直立起来，帽子挡住了眼睛，他被狠狠地摔下马，眉骨受了伤。他却若无其事地站起来，继续指挥训练，直到十多分钟之后操练完毕，他才去医生那里。

在医务室里，他被缝了好几针，血已经凝结成块覆盖了他的眉骨。医生惊讶地说："我真希望有您这样的勇气！"

⊙ 1903 年，身穿弗吉尼亚军事学校校服的巴顿。

⊙美国独立战争期间，“大陆军”总司令乔治·华盛顿发现了西点的特殊地理价值，后在此创办了著名的西点军校。华盛顿后来成为美国首任总统。

⊙美国西点军校校徽。上面镌刻着一只目光炯炯的山鹰，一顶闪闪发亮的钢盔，一柄寒光逼人的短剑，还有一行醒目的大字，那就是闻名于世的西点军校校训——责任、荣誉、国家。

⊙西点军校的正式名称为美国陆军军官学校，其目标是培养陆军初级军官。该校位于纽约市以北约五十英里处的哈得逊河西岸，属于纽约州奥兰治县。此地原为英国军事哨所，是控制哈得逊河航道的战略要点。西点军校自 1802 年 7 月 4 日建校以来，培养了许多优秀的军事人才。图为正在列队的西点军校学员。

⊙西点军校号称“美国将军的摇篮”，它曾造就出斯科特、格兰特等一大批杰出将领，是美国许许多多热血青年向往的场所。一心想当军官的巴顿当然也不例外。1904 年 6 月，巴顿终于圆了他的西点梦。

⊙西点军校毕业生在毕业典礼上排着整齐的队伍，面对星条旗庄严地宣誓：珍惜校荣，为国效忠。

⊙ 1905 年 3 月，西奥多·罗斯福宣誓连任总统，西点学员组队到华盛顿举行阅兵式。那晚，巴顿和他的女友比阿特丽丝在一起跳舞，度过了一个难忘的夜晚。

⊙1909年6月，巴顿从西点毕业了。虽说他花费了五年时间才读完所有的课程，但他却取得了惊人的成绩。他以标准的着装、优美的军姿、出色的领导才能和勇敢莽撞的举动而成为西点军校的骄傲和人们关注的中心。

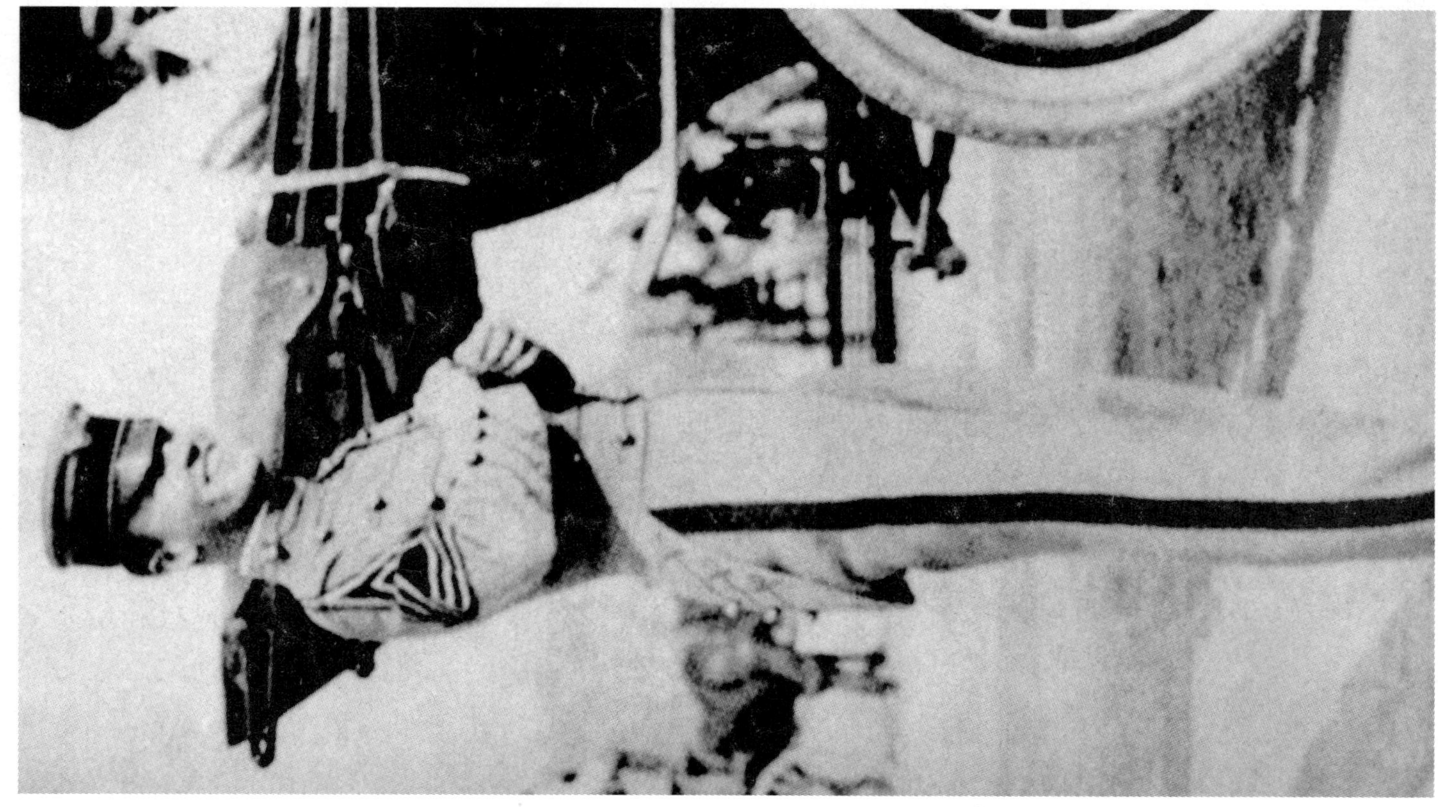

⊙ 1909 年夏，巴顿被分配到伊利诺伊州芝加哥附近的谢里登堡，任骑兵连少尉。图为巴顿正在指导他手下的新兵。

⊙巴顿在骑兵部队的训练中，骑马跨越障碍时的英姿。

第三章
结婚和参加奥运会

摔伤之前，巴顿已经向比阿特丽斯正式求婚。未来的岳父艾尔先生问这位年轻军官到底有多少钱，他觉得估计要拿笔钱给这个“穷小子”。

巴顿一直关心自己的职业和前途，对自己的财产一无所知，就询问父亲。父亲的回答让儿子大吃一惊，巴顿当时的财产已近百万。

他从没想到原来自己是这么富有。艾尔先生也为此感到吃惊，情不自禁地说道：“看来我不用卖土地了。”

被摔伤眉骨后不久，巴顿接到比阿特丽丝的一封电报：“如果你打算六月份娶我，那就请娶吧。爸和妈希望我们六月份完婚。”

事情竟然来得这样快，巴顿对母亲开玩笑说：“这不是强迫吗？我接受她。她在绝大多数问题上都有很高的鉴赏力，但在选择丈夫问题上却是个例外。”

不久后的婚礼震动一时，波士顿所有的报纸都用了很大的篇幅细致地描述了这一盛况。婚礼在圣约翰主教教堂举行，新娘、新郎，伴娘、伴郎和随行招待人员都无可挑剔，婚宴也是在最漂亮的地方以最奢华的形式举行的。婚礼后，巴顿夫妇选择去欧洲度蜜月。

二十世纪初的美国，虽然处在和平之中，却并不平静。美国正试图在全美洲控制局势，从而插手国际事务。当时的美国军官都想去巴西、阿根廷、墨西哥这样的地方做军事专员，巴顿也努力寻求父亲和他朋友的帮助。因为他毕业后工作还不满三年，所以他无法进入他最想去的骑兵军官学校，去外国，或者留在西点教书，是两个最好的选择。

等待活动结果的时候他也没有闲着，他把蜜月时从伦敦买回来的军事书籍好好地看了又看。1911 年，妻子为他生下了一个孩子，他在写给姨妈的信里说：“这孩子丑得要命，一头黑头发，居然还说像我，我哪里有这么丑过？！”

不久之后他被派到迈尔堡，这里有最好的骑兵部队，还离首都很近，能够结交很多的高层人物和社会名流。他还得到一个新任务：作为军队代表，参加1912年夏天在瑞典斯德哥尔摩举行的第五届奥林匹克运动会中的军事五项全能比赛。

这个比赛包括25米远射击、300米游泳、500米骑术、4000米越野赛和击剑。巴顿在这五项技能方面的成绩堪称美国一流，美国军方看他具有军人气概、轮廓分明的外表，也认为让他作为美国军官的代表将会为现代美国军官树立良好的形象。

可是巴顿已经两年没有跑过步，三年没有游过泳，他决定大强度训练这两项。6月4日，巴顿被告知乘船赴芬兰训练，几天后离开纽约赴瑞典，巴顿一家也随行。

直到7月5日，巴顿一直坚持训练，尤其注意跑步和游泳。在7月4日的一次射击练习中，他用二十发子弹打了一百九十七环。后来他说："我被告知，这个成绩比纪录还高一环。" 7月7日比赛开始，"我们在斯德哥尔摩过得非常愉快，全家人都去了比赛现场观看我比赛。"

游完300米时，巴顿由于过度疲劳休克了，不得不用船钩将他从池中捞上来；在4000米越野赛中，他又由于筋疲力尽而晕倒在皇家包厢前的终点线上。最使他感到遗憾的是射击比赛，这本是他的拿手好戏，但在赛场上却两度脱靶，从而影响了总成绩。他怀疑："可能有两颗子弹穿过了同一个枪眼。"

回国后，他在报告中写道："我游泳第六名，击剑第三名，骑术第三名，越野赛第三名，但射击二十一名的成绩使我总成绩下降了。"

他没有抱怨，而是公正地写道："整个比赛过程中运动员所表现出的锐气和宽容，有力地证明了当代军官的本色。没有人抗议裁判判决不公，没有人为了成绩而争吵，每个人都尽了自己的最大努力，像真正的军人那样坦然地面对最后的结果。比赛结束时，我们都像是朋友，像是同志，却不像是经过激烈竞争的对手。这种友谊，没有因为大家都怀着热切的对成功的渴望而稍减。”

这次奥运会让他的印象深刻，当第二次世界大战结束后，巴顿将军举行记者招待会，有记者问：“将军阁下，您在第二次世界大战中卓越的指挥才能，是您的骄傲和荣誉，对此您有何感想？”

巴顿说：“不，参加第五届奥运会才是我一生的骄傲和荣誉。当游完300米上岸后，我休克了。醒来后，我告诫自己一定要拼下最后一项4000米越野赛。记者先生，你可能体会不到一个人休克后醒来再跑4000米的滋味，但我体会到了。我不但跑完全程，还得了奥运会这个项目的第五名，这才是我一生的骄傲、我一生的荣誉。”

⊙喜结连理——1910年，巴顿与比阿特丽丝举行了婚礼。

⊙ 1910 年 6 月，巴顿和比阿特丽丝结婚后，乘船赴欧洲度蜜月。他们游览了风景如画的英国乡村，在伦敦度过了一段美好的时光。图为英国画家约翰・康斯特布尔描绘的英国乡村景色。

⊙巴顿夫妇和两个女儿在一起。大女儿小比阿特丽丝出生于 1911 年 3 月，小女儿鲁斯·艾伦出生于 1914 年。

⊙ 1912 年奥运会在斯德哥尔摩召开。图为东道主瑞典队在开幕式上进入奥运会会场。

⊙ 1912 年，乔治·巴顿参加斯德哥尔摩奥运会的击剑比赛。

⊙尽管巴顿没有取得奖牌，但他仍以顽强的精神和超人的技艺征服了观众。图为 1912 年斯德哥尔摩奥运会金牌正面。

⊙ 1912 年斯德哥尔摩奥运会金牌背面。

第四章 初上战场

巴顿为美国军人赢得尊敬和荣誉后回到祖国。他在这次击剑训练中对军刀产生了浓厚的兴趣，开始仔细研究法国的剑和军刀，并对法国骑兵的出色表现表示了赞赏。他还写了一篇关于美国骑兵部队的军刀论文，希望能够让美国的骑兵更加强大。

论文在《骑兵月刊》上发表，赢得了许多好评，陆军部甚至以他建议的模式打造了两万把军刀。他的论文精神就是希望骑兵在马上使用尖锐的军刀，像击剑那样去刺，而不是去砍，那样会有更高的效率。

这是奥运会带来的另一笔财富。在这个时代，还没有成为英雄的巴顿，并没有想过用新的作战方式来代替骑兵。相反，他的注意力仍然在冷兵器上，直到他见识了真正的战争，才有了更大的收获。

“一直以来，我都希望能够参加实际的战斗，不是作为旁观者，而是作为参与者。那样的话，我会得到许多有更高价值的知识。只有做别人没有做过的事，人类才能进步。因此，我希望请假一年，入法作战。”

这是巴顿 1914 年写给伍德将军的信中的一段。远在欧洲的战争让他激动起来，他希望去见识真正的战争。

将军安慰了这个年轻人，但是告诉他：“目前，不要考虑这个问题，批假可以，但只是去观战。我们不想把你这样的年轻人浪费到别国，坚持现在的工作，努力吧！”

随着战事的不断深入，美国也逐渐被扯进战争，德国的潜水艇经常把美国的船打沉，有的是意外，有的是故意。威尔逊总统不断抗议，但是没什么效果。巴顿听说后评论道：“这个傻瓜，居然抗议人家用潜水艇！骑士还抗议敌人使用火枪呢，有什么用处呢？”

“只有一个国际法，那就是强大的军队。”这就是巴顿的结论。只靠新型军刀是不够的，还需要潜水艇这样的科学产品，他开始为美国军队的强大而思考和努力了。

巴顿被调到了墨西哥和美国的边境，很快墨西哥和美国的战争爆发了。他跟着将军潘兴进入墨西哥作战，他在那里接到了自己的第一个战斗任务——“开着吉普车和十个士兵一起去买玉米！”他原来以为穿过敌人战线的时候会很害怕，但是没有什么危险发生，他从此就不再对战场恐惧了。

通过远征墨西哥，潘兴对巴顿有了深刻了解，并给予他很高的评价。他说：“我们队伍中有一名‘匪徒’，这家伙就是巴顿！他是一个真正的斗士。”

⊙ 1914 年，第一次世界大战在欧洲爆发，打得难解难分。这令远在大洋彼岸的巴顿心急火燎，急切地想上战场一试身手。

⊙ 1914 年，欧洲战场，在霍布林斯壕沟中的第一苏格兰步兵团的 G 连队。壕沟中有齐腰深的泥水，虱子和老鼠与他们为伴。

⊙1914年4月21日，一支美国军队在墨西哥湾登陆，介入了墨西哥内战。图为在海运途中的枪炮装备齐全的美国士兵。

⊙ 1914年6月28日，奥匈帝国王位继承人斐迪南大公及妻子在萨拉热窝访问时，正准备坐一辆敞篷车出行。就在这张照片拍摄后不久，他们就遭到了暗杀。这一事件引起的复杂反响，导致了第一次世界大战的爆发。

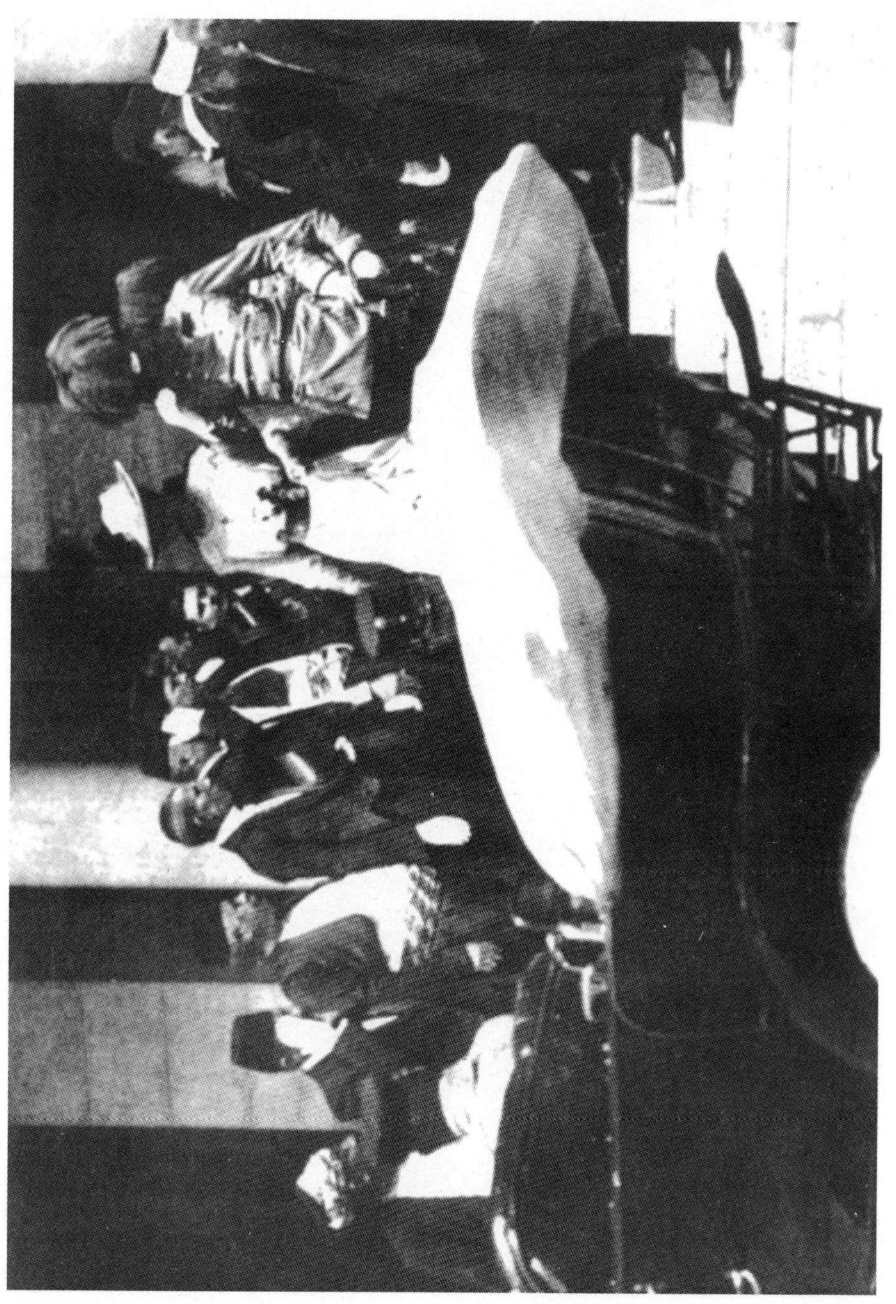

APOTHEEK

⊙ 斯尔特集市上拥挤的军队。1914年10月24日至31日，当英军第七师经过时，在广场中央，与正在行进的第二苏格兰护卫队相遇，两支军队交汇在一起。

⊙在战争开始时，德军推进的力量和速度都使协约国措手不及，因而丧失了大片领土。但他们很快就恢复了元气，甚至设法在巴黎盆地以东的香槟平原发动了一次强大的反攻。但在德军的顽强抵抗下，攻势很快就减弱了。图为香槟战役期间德军的一个重炮炮位。

⊙在第一次世界大战中，英国炮兵连正在向敌军阵地发射炮弹。

⊙美国陆军部长亨利·史汀生，他的帮助对巴顿的军事生涯起到了至关重要的作用。

⊙美国陆军参谋长伦纳德·伍德。巴顿曾一度担任他的副官。

⊙ 1915 年，一个孤独的俄军士兵正在为他死去的同伴祈祷。

⊙ 1916 年 3 月 9 日，墨西哥农民起义军领导人比利亚率部袭击了美国新墨西哥州的哥伦布城，杀死十七名美国人。美国以此为借口调兵入侵墨西哥。图为美军首领贝尔森与墨西哥义军领袖维拉的合影。

⊙ 1916年，美国军队从新墨西哥州的哥伦布市附近入侵墨西哥，远处是同时开进的美军给养车队。此时欧洲正处于第一次世界大战中，美国尚未对德宣战。

⊙ 1916年，巴顿在墨西哥，任潘兴将军的副官。

⊙墨西哥农民起义军领袖潘乔·比利亚在墨西哥内战的一次行军途中。

⊙ 1917 年，随着比利亚的起义军最终被镇压，美国总统威尔逊正式承认了卡兰萨的墨西哥政权。图为乘坐在火车头上的墨西哥游击队战士，他们灵活机智，令美军大伤脑筋。

第五章 美国坦克第一兵

对墨西哥的干涉很快就结束了，巴顿又去了欧洲。在那里，他作为潘兴将军的助手来到前线。

将军当时忙着创立不受英法控制的纯粹的美国军队，直接跟德国作战，这对于锻炼美国指挥官和提升美军战斗力很有意义。但是巴顿也在做一件有历史意义的事情，他在考察坦克，并且调查研究，撰写报告。

第一次世界大战时期，主要的战斗是战壕战，一方进攻，一方防守。进攻的部队必须炮击很多天，然后穿过全是铁丝网和地雷、火力交叉的地带，剪开铁丝网，和战壕里的敌人肉搏。这使得一战时期出现了大量残酷的战役，几乎就是绞肉机一样的伤亡规模。

能不能让伤亡减少却有更高的战斗效率呢？巴顿认为，只有使用坦克。他研究了英国人的坦克，认为这是以后武器的主流，而不是德国人使用的毒气。

在英法以坦克取得了几次战役胜利之后，潘兴将军对坦克产生了兴趣，他叫来了巴顿："你不是想上战场吗？我这里有两个差使给你选：一是带一个步兵营去冲锋陷阵，另一个是去组建美国的坦克部队。"

经历了实战之后的巴顿，已经不再是单纯迷恋前线的勇夫，他立刻答应了组建坦克小分队。他是第一个学会驾驶坦克的美国人，同时向法国人学习了坦克的原理。从此，他开始了"驾驶铁马"的梦想，他参观了坦克工厂，甚至提出了改进坦克的意见，还被工程师采纳。

1918 年初，巴顿在南格里斯开办了一所坦克、战车训练学校，并用法国的轻型坦克将所训练的人员编成一个旅，他本人也由少校升为中校。在圣耶希尔会战中，巴顿率领两个坦克营参战，在战斗中一往无前，这次战斗使他由中校晋升为上校。

他要求美国工厂也赶制坦克并且投入战场，很快第一批坦克到了。在一次指挥坦克和步兵一起攻击一块高地的战斗中，缺乏步坦协同经验的士兵们没有跟上巴顿。跟着巴顿冲上去的几个美国人都被机枪打倒，巴顿的“屁股受了伤，血流不止”（他对自己伤势的描述）。

负伤后的巴顿流了不少血。他在距德军防线大约三十米远的一个弹坑里躺了一个小时左右。这是他第一次负伤，他觉得自己伤势很重，一定是快不行了。于是他不听医生的劝告，执意到当时由他负责支援的第三十五师司令部，把他在前线上所看到的一切向他们如实做了汇报，然后才被强行送回医院。

反感他的人，曾经以此为例子评价他说：这家伙是个绝对的马屁精！

在医院里生活很舒服，不过他很快出院了，仍然坐在坦克前面领着坦克兵团冲进了敌人阵地，所有人都觉得：他受伤之后，更疯狂了。

⊙神情威严的山姆大叔要求每一个人都履行他的义务。第一次世界大战中的许多美国青年，都是在这张极富美国色彩的海报感染下踏上欧洲战场的。

⊙ 1917 年 4 月 6 日，美国总统威尔逊宣布加入协约国方面作战。美国正式对德国宣战。图为童子军们涌上街头，欢庆美国成为协约国的后援。

⊙ 1917 年，在纽约城排队应征入伍的美国公民。美国对德宣战后，所有在二十一岁至三十岁之间的男性美国公民，在两个月内都被要求填写登记应征表。后来，年龄的上限增至四十岁。

⊙远征欧洲的美国军队，也许是有史以来第一支可以带着宠物打仗的军队，从家乡带来的宠物给这些战争中的普通士兵带来了安慰和快乐。

⊙ 1917 年，纽约，远征欧洲的美国士兵正在吻别他们的妻子。

⊙在第一次世界大战时期到达欧洲战场的美军将军潘兴，巴顿作为他的助手与他一同前往。

⊙ 1917 年，协约国在西线的战事进行得并不顺利。德国总参谋部对战争具有十分明确的意图，而英军与法军司令却意见相左。新任法军总司令尼维尔要用法国部队对里昂发动一次大规模进攻，以英军作为助攻。截至这年年底，战线的地图基本上仍未改变。图为梅西内山岭上，法军的一门 8 英寸口径的重型榴弹炮正在开火。

⊙正当巴顿在贡比涅坦克培训中心学习的时候，一场真正的坦克进攻战役在康布雷发生了。尽管当时有些坦克因过早投入战斗而影响了作战效果，但康布雷战役无疑是二十世纪坦克战诞生的标志。图为1917年11月，在康布雷战役中，一辆英国坦克拖着一门口径为5.9英寸的大炮。

⊙美军抵达法国后，1917 年基本没有参战，主要在后方集训、驻防和从事后勤保障工作。图为美军士兵正在一个训练基地做战术演习。美军的到来，彻底断送了德國人战争的希望。

⊙ 1918 年，一名“救世军”妇女正为一名受伤的美国士兵写家书。“救世军”的服务对象是第一次世界大战中的美国士兵。

⊙ 1918 年春，德军在西线连续发动五次大规模攻势，前线吃紧。应英、法两国要求，美军赴欧的速度加快了。图为美军炮兵正在穿过法国村庄。

⊙ 1918年五月至八月，美军配合英法联军参加了蒂埃里堡战役、第二次马恩河战役、第三次索姆河战役等，他们表现出骁勇善战的作风。此图为当时的油画，描绘外衣上嵌有圆形黄铜扣的美军步兵，在蒂埃里堡的街市上英勇作战。

⊙ 1918 年 9 月 12 日至 15 日，在第一次世界大战末期，美军独立组织、实施了圣米歇尔战役。这是美军的第一次大胜仗，从而证明他们是一支令人生畏的部队。巴顿也率领坦克旅参加了这次战斗。图为博蒙特山梁，一辆美军弹药车陷在泥路上，拦住了一个纵队的士兵去路。

⊙ 1918 年，在法国圣米歇尔战斗中，巴顿的坦克参加了战斗。

⊙还在战争期间，自信的美国人就开始为胜利后的庆典做准备了：电影艺术家在战壕里拍摄纪录片《大阅兵》。

⊙ 1918 年 9 月 26 日，默兹—阿拉贡战役打响。巴顿的坦克兵随同主力部队行动，担负支援美第一步兵军的任务。图为在默兹内伦科特附近的美国炮兵营正在射击。

⊙ 1918 年 9 月，在贝特科特海岸，炮兵队正在用铁轨移动的 14 英寸大炮轰击二十英里外的德军目标。

⊙在第一次世界大战后期，美军的坦克部队在巴顿的率领下开始参战。这是美军部队正在跟着马克 -5 型坦克行进，坦克携带着跨越战壕和沟渠用的桁架。

⊙美军坦克在巴顿的率领下，正在阿拉贡森林参与军事行动。但这时，美军使用的许多坦克都是由法国雷诺公司制造的。

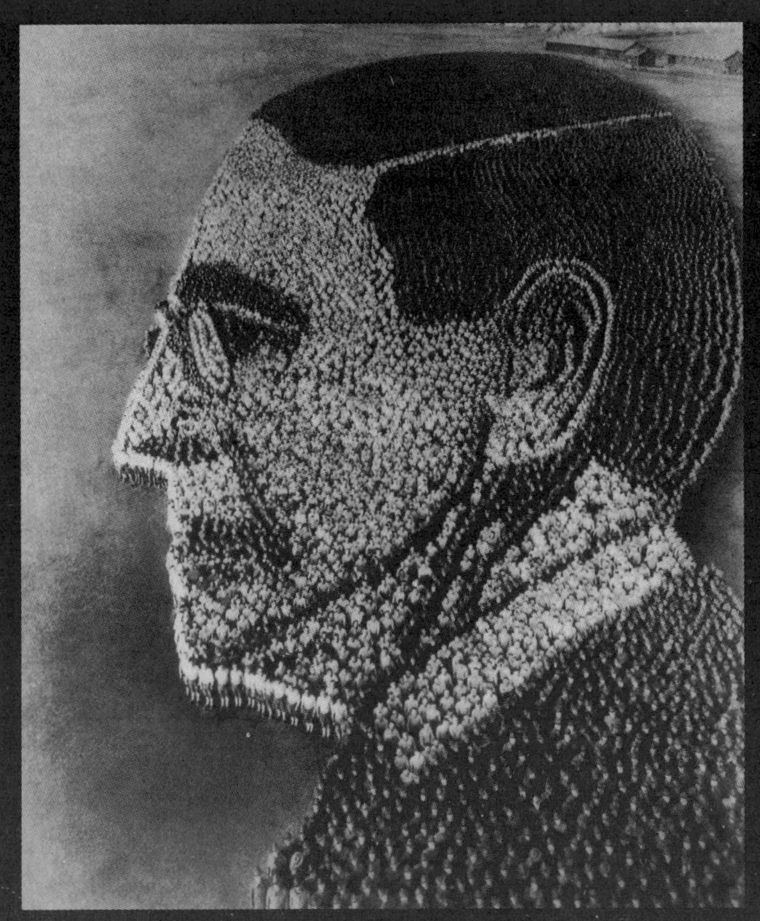

⊙这是 1918 年从一个二十一米高的塔顶拍下来的相片。2.1 万名赞助者和军官在俄亥俄州的一个训练营里，排成了伍德罗・威尔逊总统的纪念肖像。威尔逊在 1916 年总统竞选中获胜。1917 年，德国的侵略使他放弃了自己的中立主义观点，并把美国带进第一次世界大战中的协约国一方。

⊙ 1918 年，巴顿中校站在一辆法国雷诺轻型坦克前。

⊙美军士兵和他们的战壕迫击炮，该炮的射程可达八百码（731.52 米）。

⊙美海军士兵与敌人肉搏，他们刺刀上膛，冲进一个德军机枪阵地。

⊙美海军机枪特遣队正优先上船，前往西线的弗吉尼亚关蒂科。

第六章 他是“大黄蜂”

1918 年，筋疲力尽的德国终于投降了。巴顿回国，被派往米德堡坦克训练中心。在那里，他结识了西点的“师弟”艾森豪威尔，两人对如何将装甲兵发展成一支强大的机动兵种见解一致，并有了很好的私交。

1920 年的国防法案改组了美国陆军，把装甲兵的位置摆在步兵之下，并降低了正规军官的军阶。巴顿被降为少校，回到骑兵部队任职。

对于美国陆军来说，这是一次绝对的倒退，注重机动性和火力的现代战争原则被国会的政客们抛在脑后，这给了坦克兵团一个沉重的打击。

对于巴顿来说，指挥的人更少了，七十四人组成的骑兵团就是他的全部人手，他坐在马上，心里却想着坦克。

当大多数美国军官仍浑浑噩噩地沉溺于歌舞升平的和平生活之中时，巴顿却指挥他的部队经常进行近于实战的演习。他相信下一场战争不会太远。

骑兵已经过时，这是不可避免的了。尽管巴顿爱他的马，尽管他在马背上长大，尽管他梦想着成为骑兵将军，尽管他是骑兵军刀的专家，他还是发现了坦克以后的前途。

他实际上让骑兵部队变成了步兵。他把骑兵团编成一组一组的机枪队，在训练中从头至尾全都步行前进。巴顿就是根据战争中可能出现的最严酷、最难以预料的情况来训练部队的。

从二十世纪二十年代到四十年代，巴顿被送入骑兵学校、指挥参谋学校和陆军大学深造。

回学校深造是很舒服的日子，不过去做装甲部队的长官会让巴顿更幸福。在查尔斯·斯科特将军召开的一次军事会议上，巴顿表达了自己建设第一个装甲师的信心。

他用一番振奋人心的语言，阐明了他的部队的奋斗目标：一个装甲师需要勇敢和机智才能在战斗中取得成效，而他所指挥的部队就是要朝着这个目标迈进，把每个人都训练成“陆军中他妈的顶呱呱的坦克手”。

1940 年 7 月，巴顿回到装甲兵，任第二装甲师的旅长，不久便升任少将师长。巴顿越来越感觉到美国卷入战争的威胁并不遥远，他在自己的部队里以实战的标准来要求大家，他要求他的部下说：

“在演习中我们不采用真枪实弹，这可能有些扫兴，但你要把它当成真刀真枪。当你操纵高射机枪或任何一种枪支时，不要想这是模仿练习，而是要想象一切都是真的。一架飞机在你的头顶飞来飞去，用枪瞄准它，假装你把它击落。如果一辆坦克或一个敌兵走近你，同样用枪瞄准它，射击。如果你要进攻就要动作迅速；如果你要撤退，要尽可能拖延时间……你们要按裁判的要求去做，而且要尽可能快地完成，尽管你们会觉得他们的安排让人觉得乏味。”

“你们要尽力把我讲的这些事做好，发挥你们的想象能力，把演习想象成战争。要时刻想着：‘如果有一个人真的向我开枪，我该怎么办？’这是唯一的练习机会，所以我们都要练习。下一次，也许就不再有模拟，没有裁判，只有你和你的敌人，使的都真枪、真弹、真家伙。”

“在最后，我要赞扬第二装甲师表现出的忠实和令人鼓舞的士气。我希望在每一次军事演习结束后，我都能说同样的话。我相信，每一次演习我们都会完成得比上一次好，而且当最后一次演习结束后，我们都会期待着上战场去打败敌人，变假为真。”

他并不热爱杀戮，不是战争狂。他只是看到了让欧洲发抖的德国坦克部队，他们十分强大。德国的坦克将军古德里安又是个出色的将才——总有一天，德国和美国会面对面地较量。巴顿相信这一点。只有多训练，才能避免日后的大规模伤亡。

巴顿决定为他的坦克手们设计一种独特的制服，以区别于其他士兵。他记得，他的祖父在内战期间如何为团里的士兵设计了一种军服。他甚至还有一张老乔治·巴顿身穿艳丽的南部邦联军服的褪色照片，以供参考。

结果，形成了把丘吉尔创造的有名的“海妖服”（一种美化的陆军工作服）和马戏团中表演炮打飞人演员穿的那种五颜六色的戏装相结合的军服。军装呈绿色，上面镶有红边，并配有巴顿从格林贝包装公司弄来的金色足球头盔式的钢盔。

巴顿总是率先去干那些应由他的士兵去做的危险事情，这次他也是第一个去穿这套衣服。当他穿着这套军装在本宁的老虎营出现时，一个爱开玩笑的坦克手惊呼道：

“看！绿色大黄蜂！”

这个名字从本宁传到了华盛顿。尽管他的士兵们并没有这样叫他，他们仍管他叫“老头儿”，但是陆军部的人们都开始把巴顿叫作“绿色大黄蜂”了。

巴顿没有能够说服陆军部同意让装甲部队穿这种军服，陆军部甚至不让他把这种制服发给他自己的部队。尽管如此，他自己在一段时间里仍然穿着这套制服。在此期间，越来越多的人经常紧急前来参观第二坦克师，到老虎营来参观的高级军官也应接不暇。将军们以各种借口从华盛顿飞到本宁，他们的真正目的，是要亲眼看看巴顿这个“绿黄蜂”。

在两次世界大战之间的岁月里，生活平淡而充实，巴顿的父母相继去世，这让巴顿十分伤心。

⊙1918年11月11日，曾经尽一切可能拖延美军参战的威尔逊总统，正在向国会宣读停战协议。第一次世界大战结束了。

⊙ 第一次世界大战结束后，巴顿在骑兵部队任职。他要想办法把自己的骑兵训练得更好，还要想办法使自己快乐起来。图为美军士兵在战斗间隙，表演在现代战争中几乎已经无用的骑术。尽管巴顿非常喜爱骑兵，但经过第一次世界大战，巴顿已经看出，在未来的战场上，坦克必将取代骑兵。

⊙ 1921 年，巴顿（最前面的一位）在弗吉尼亚迈尔堡，任骑兵中队长、少校。

⊙ 1934 年在大女儿的婚礼上，巴顿尽情地跳着舞。

⊙巴顿夫妇与儿女们在一起。

⊙巴顿一家人在二战前的和平岁月里享受着团聚的乐趣。

⊙乔治·马歇尔，他对巴顿非常欣赏。1938 年 11 月 27 日，他把巴顿调到迈尔堡接替乔纳森·温赖特任要塞司令。可以说，这次调动是巴顿后半生的重大转折点，从此揭开了巴顿人生中那光彩照人、富有传奇色彩的一页。

⊙第二次世界大战爆发后，在美国的巴顿一直关注着战事的发展。

⊙ 1941 年上半年，佐治亚州本宁堡。巴顿将军带着显然满意的表情，注视着工程兵在佐治亚州塔胡奇河上架设浮桥。当时，他是美军第二装甲师师长。

⊙ 1941 年上半年，美国佐治亚州本宁堡，工程兵正在试验一种新设计的浮桥。1945 年，巴顿将军指挥的部队成功地利用这种浮桥迅速渡过莱茵河，在德国境内建立了一个桥头堡。

第七章　在非洲和西西里

1941年底，在日本偷袭了珍珠港之后，美国向轴心国宣战。当时北非仍然受到维希法国和纳粹德国的控制，著名的电影《卡萨布兰卡》表现的就是北非的摩洛哥在二战时候的情景。

1942年11月，已经被提升为少将的第一装甲军军长巴顿率领一支特遣部队，奉命夺下摩洛哥，这样就控制了地中海通到大西洋的要地。

傀儡法国的部队士气低沉，加上美军装备精良、训练有素，法国人很快挑起白旗，发出信号说“打够了”。巴顿少将领军进入摩洛哥，但是这次胜利多是海军和空军的功劳，巴顿的坦克还没有动用。

巴顿渴望战斗，他写道：“我们在这儿已经待了整整一个月了，这意味着我们在二十六天里没打一次仗，我感到非常不痛快……”

很快巴顿有了进攻突尼斯的机会，由于是和法国人打仗，没有经过太强大的抵抗就取得了胜利。

巴顿在北非的时候更多的是担任总督，管理摩洛哥政务，结交当地大人物和欣赏当地的风土人情，他还得意地向阿拉伯骑兵部队展示美国的坦克。后来美国人拍摄电影的时候，把北非的战役都说成是巴顿的功劳，其实那是抢了蒙哥马利的风头。

由于艾森豪威尔的赏识，巴顿提升很快，在摩洛哥担任总督也让他十分风光。但是展示实力的机会到了，这也是一个很严峻的挑战：1943年2月，德国的隆美尔带领德国和意大利联军在突尼斯打败了美军第二军，溃败的美国部队变得士气低沉，完全失去了战斗力。

艾森豪威尔把巴顿从摩洛哥调了过来，让他担任第二军的军长。巴顿到任后，首先下令整顿军风军纪，规定每个军人必须随时戴钢盔、扎绑腿，连护士也不例外。

也正是在这个时期，巴顿做了二战时期著名的战地演讲，其中的很多语句在许多年后仍然是经典中的经典。虽然巴顿情绪化和冲动了一些，比如“我们的军队容不得胆小鬼，所有的胆小鬼都应该像耗子一样被斩尽杀绝。否则，战后他们就会溜回家去，生出更多的胆小鬼来。老子英雄儿好汉，老子懦夫儿软蛋。干掉所有狗日的胆小鬼，我们的国家将是勇士的天下。”

在巴顿的粗话和英雄气概的感召之下，第二军很快振奋起来，重新投入战斗。在阿拉曼，他们和英军一起打败了突尼斯的德国军队。

在突尼斯一次激烈的战斗中，一个通信兵爬到电话杆上修理线路。巴顿正好路过，便停下问他，在这样危险的时候，爬到那么高的地方瞎折腾什么？他答道：“在修理线路，将军。”将军问：“这个时候不是太危险了吗？”他答道：“是危险，将军，但线路不修不行啊。”将军又问：“敌机低空扫射，不打扰你吗？”他答：“敌机不怎么打扰，将军，你倒是打扰得一塌糊涂。”

将军对这个士兵的勇敢十分佩服，后来多次提起这个英勇的通信兵，称赞他是“最勇敢的人”。

1943年，巴顿与蒙哥马利联手肃清了北非德军，他晋升为中将。艾森豪威尔将军重用他担任了第一集团军司令，负责指挥西西里战役。

这个时候，意大利法西斯墨索里尼的统治已经十分薄弱了，盟军希望能够在这里登陆，开辟新战场。

作为高级将领的巴顿已经不再为战死而担心，他在给岳父艾尔先生的信中表示：自己成为高级指挥官之后，非常安全。他甚至希望能够到前线去参加战斗。

“这封信将会在进攻发起之日寄出……这封信不是诀别信，像我这样高的头衔，已经没有太多机会接触到真正的打斗了。但是我可以长距离地在含油的水里游泳，水面上有火在燃烧，看上去也相当壮观……如果你从报纸上读到我被杀的消息，请等到战争委员会证实之后再相信，因为我通常命大，而且现在一点儿也没想到会死。事实上，我正希望碰上一些叫人兴奋的事，这会给我带来不少乐趣……”

他在想念着家人，想念着家乡的牧场，他在写给妻子的信中说：“当我想到在不久的将来，我就可以一个人骑着自行车在自家的牧场上自由地行进时，我的心情好极了。如今在国外，自由和清静是我最渴望获得的两样东西。迫击炮和装甲车的喇叭声一直尾随着我。”

南西西里人的肮脏、贫穷和大胃口让巴顿感到震惊，他只好强行命令当地人打扫卫生和埋葬死者。为了买酒，他请求主教从监狱里放出了一个黑市酒贩子，在买了大量的酒之后，他又把这个家伙重新关进了监狱。

巴顿将军战前动员讲话

弟兄们，最近有些小道消息，说我们美国人对这次战争想置身事外，缺乏斗志。那全是一堆臭狗屎！美国人从来就喜欢打仗，真正的美国人喜欢战场上的刀光剑影。你们今天在这里，有三个原因：一，你们来这儿，是为了保卫家乡和亲人。二，你们来这儿，是为了荣誉，因为你此时不想在其他任何地方。三，你们来这儿，是因为你们是真正的男子汉，真正的男子汉都喜欢打仗。

当今天在座的各位还都是孩子的时候，大家就崇拜弹球冠军、短跑健将、拳击好手和职业球员。美国人热爱胜利者，美国人对失败者从不宽恕，美国人蔑视懦夫。美国人既然参赛，就要赢。我对那种输了还笑的人嗤之以鼻。正因为如此，美国人迄今尚未打输过一场战争，将来也不会输。一个真正的美国人，连失败的念头，都会恨之入骨。

你们不会全部牺牲。每次主要战斗下来，你们当中只可能牺牲百分之二。

不要怕死，每个人终究都会死。没错，第一次上战场，每个人都会胆怯。如果有人说他不害怕，那是撒谎。有的人胆小，但这并不妨碍他们像勇士一样战斗。因为，如果其他同样胆怯的战友在奋勇作战，而他们袖手旁观的话，他们将无地自容。真正的英雄，是即使胆怯也照样勇敢作战的男子汉。有的战士在火线上不到一分钟，便会克服恐惧。有的要一小时。还有的，大概要几天工夫。但是，真正的男子汉，不会让对死亡的恐惧战胜荣誉感、责任感和雄风。战斗是不甘居人下的男子汉最能表现自己胆量的竞争。战斗会逼出伟大，剔除渺小。美国人以能成为英雄中之英雄而自豪，而且他们也正是英雄中之英雄。大家要记住，敌人和你们一样害怕，很可能更害怕。他们不是刀枪不入。

在大家的军旅生涯中，你们称演习训练为“鸡屎”，经常怨声载道。这些训练演习，如军中其他条条框框一样，自有它们的目的。训练演习的目的，就是培养大家的警惕性。警惕性必须渗透到每个战士的血管中去。对放松警惕的人，我决不手软。你们大家都是枪林弹雨里冲杀出来的，不然你们今天也不会在这儿。你们对将要到来的厮杀，都会有所准备。谁要是想活着回来，就必须每时每刻保持警惕。只要你有哪怕是一点点儿的疏忽，就会有个狗娘养的德国鬼子悄悄溜到你的背后，用一坨屎置你于死地！

在西西里的某个地方，有一块墓碑码得整整齐齐的墓地，里面埋了四百具阵亡将士的尸体。那四百条汉子升天，只因一名哨兵打了个盹。令人欣慰的是，他们都是德国军人。我们先于那些狗杂种发现了他们的哨兵打盹。一个战斗队是个集体。大家在那集体里一起吃饭，一起睡觉，一起战斗。所谓的个人英雄主义是一堆马粪。那些胆汁过剩，整日在《星期六晚间邮报》上拉马粪的家伙，对真正战斗的了解，并不比他们搞女人的知识多。

我们有世界上最好的给养、最好的武器设备、最旺盛的斗志和最棒的战士。说实在的，我真可怜那些将和我们作战的狗杂种们。真的。

我麾下的将士从不投降。我不想听到我手下的任何战士被俘的消息，除非他们先受了伤。即便受了伤，你同样可以还击。这不是吹大牛。我愿我的部下，都像在利比亚作战时的一位我军少尉一样。当时一个德国鬼子用手枪顶着他的胸膛，他甩下钢盔，一只手拨开手枪，另一只手抓住自己的钢盔，把那鬼子打得七窍流血。然后，他拾起手枪，在其他鬼子反应过来之前，击毙了另一个鬼子。在此之前，他的一侧肺叶已被一颗子弹洞穿。这，才是一个真正的男子汉！

不是所有的英雄都像传奇故事里描述的那样。军中每个战士都扮演一个重要角色。千万不要吊儿郎当，以为自己的任务无足轻重。每个人都有自己的任务，而且必须做好。每个人都是一条长链上的必不可少的环节。大家可以设想一下，如果每个卡车司机都突然决定，不愿再忍受头顶呼啸的炮弹的威胁，因而胆怯起来，跳下车去，一头栽到路旁的水沟中躲起来，那会产生什么样的后果？！这个懦弱的狗杂种可以给自己找借口：“管他娘的，没我地球照样转，我不过是千万分之一。”但如果每个人都这样想呢？到那时，我们怎么办？我们的国家、亲人，甚至整个世界会是怎么一个样子？不，他奶奶的，美国人不那样想。

每个人都应完成他的任务，每个人都应对集体负责。每个部门，每个战斗队，对整个战争的宏伟篇章，都是重要的。弹药武器人员让我们枪有所发，炮有所射。没有后勤人员给我们送衣送饭，我们就会饥寒交迫，因为在我们要去作战的地方，已经无可偷抢。指挥部的所有人员，都各有所用，即使是一个只管烧水帮我们洗去征尘的勤务兵。

每个战士不能只想着自己，也要想着身边一起出生入死的战友。我们军队容不得胆小鬼。所有的胆小鬼，都应像耗子一样被斩尽杀绝。否则，战后他们就会溜回家去，生出更多的胆小鬼来。老子英雄儿好汉，老子懦夫儿软蛋。干掉所有狗日的胆小鬼，我们的国家将是勇士的天下。我所见过的最勇敢的好汉，是在突尼斯一次激烈的战斗中，爬到电话杆上的一个通讯兵。我正好路过，便停下问他，在这样危险的时候爬到那么高的地方瞎折腾什么？他答道："在修理线路，将军。"我问："这个时候不是太危险了吗？"他答道："是危险，将军，但线路不修不行啊。"我问："敌机低空扫射，不打扰你吗？"他答："敌机不怎么打扰，将军，你倒是打扰得一塌糊涂。"弟兄们，那才是真正的男子汉，真正的战士。

他全心全意地履行自己的职责，不管那职责当时看起来多么不起眼，不管情况有多危险。还有那些通往突尼斯的路上的卡车司机们，他们真了不起。他们没日没夜，行驶在那狗娘养的破路上，从不停歇，从不偏向，把四处开花的炮弹当成伴奏。我们能顺利前进，全靠这些天不怕地不怕的美国硬汉。这些司机中，有人连续开车已经超过四十小时。他们不属于战斗部队，但他们同样是军人，有重要的任务要完成。任务他们是完成了，而且完成得真他娘的棒！他们是大集体的一部分。如果没有大家的共同努力，没有他们，那场战斗可能就输掉了。只因所有环节都各司其职，各尽其责，整个链条才坚不可破。

大家要记住，算我没来过这里。千万不要在信件里提及我。按理说，我是死是活，对外界要保密，我既不统率第三集团军，更不在英国。让那些狗日的德国佬第一个发现吧！我希望有一天看到，那些狗杂种们屁滚尿流，他们哀鸣道："我的天哪！又是那挨千刀的第三集团军！又是那狗娘养的巴顿！"

我们已经迫不及待了。早一日收拾掉万恶的德国鬼子，我们就能早一日掉转枪口，去端日本鬼子的老巢。如果我们不抓紧，功劳就会全让狗娘养的海军陆战队抢去了。

是的，我们是想早日回家。我们想让这场战争早日结束。最快的办法，就是干掉燃起这场战争的狗杂种们。早一日把他们消灭干净，我们就可以早一日凯旋。回家的捷径，要通过柏林和东京。到了柏林，我要亲手干掉那个纸老虎、狗杂种希特勒，就像干掉一条蛇！

谁要想在炮弹坑里蹲上一天，就让他见鬼去吧！德国鬼子迟早会找到他的头上。我的手下不挖猫耳洞，我也不希望他们挖。猫耳洞只会使进攻放缓。我们要持续进攻，不给敌人挖猫耳洞的时间。我们迟早会胜利，但我们只有不停战斗，比敌人勇敢，胜利才会到来。我们不仅要击毙那些狗杂种们，而且要把他们的五脏六腑掏出来润滑我们的坦克履带。我们要让那些狗日的德国鬼子尸积成山，血流成河。战争本来就是血腥、野蛮、残酷的。你不让敌人流血，他们就会让你流血。挑开他们的肚子，给他们的胸膛上来上一枪。如果一颗炮弹在你身旁爆炸，炸了你一脸灰土，你一抹，发现那竟是你最好伙伴的模糊血肉时，你就知道该怎么办了！

我不想听到报告说，“我们在坚守阵地。”我们不坚守任何见鬼的阵地，让德国鬼子坚守去吧。我们要一刻不停地进攻，除了敌人的卵子，我们对其他任何目标都不感兴趣。我们要扭住敌人的卵子不放，打得他们魂魄离窍。我们的基本作战计划，是前进、前进、再前进，不管要从敌人身上身下爬过去，还是要从他们身体中钻过去。我们要像挤出鹅肠或小号的屎那样执着，那样无孔不入！

有时免不了有人会抱怨，说我们对战士要求太严，太不近情理。让那些抱怨见鬼去吧！我坚信一条金玉良言，就是“一杯汗水，会挽救一桶鲜血。”我们进攻得越坚决，就会消灭越多的德国鬼子。我们消灭的德国鬼子越多，我们自己人死得就会越少。进攻意味着更少的伤亡，我希望大家牢牢记住这一点。

凯旋回家后，今天在座的弟兄们都会获得一种值得夸耀的资格。二十年后，你会庆幸自己参加了此次世界大战。

到那时，当你在壁炉边，孙子坐在你的膝盖上，问你：“爷爷，你在第二次世界大战时干什么呢？”你不用尴尬地干咳一声，把孙子移到另一个膝盖上，吞吞吐吐地说：“啊……爷爷我当时在路易斯安那铲粪。”与此相反，

⊙1941 年 8 月 9 日—12 日，罗斯福总统与丘吉尔首相举行大西洋会议，8 月 14 日宣布《大西洋宪章》。罗斯福是这次会晤的发起者，美国决定对英国提供实际援助。这被许多人看成美国更接近于参战行动。

弟兄们，你可以直盯着他的眼睛，理直气壮地说：“孙子，爷爷我当年在第三集团军和那个狗娘养的乔治·巴顿并肩作战！”

⊙ 1941 年 10 月 30 日，鸟瞰珍珠港福特岛。

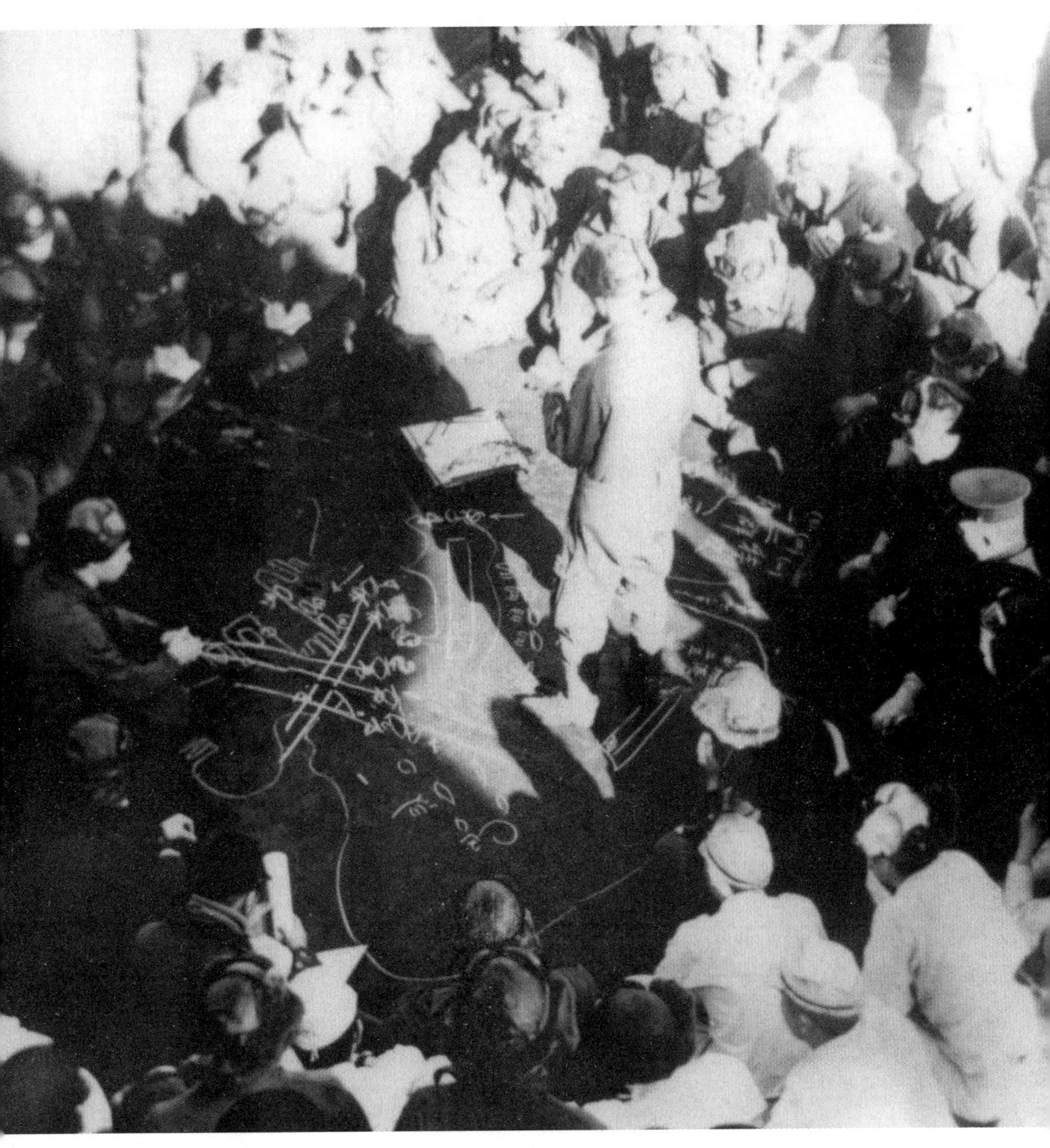

⊙ 1941 年 12 月 6 日，日本“加贺”号航母上的北岛一郎中尉，正在为轰炸机组同僚讲解战术意图。

⊙ 1941 年 12 月 7 日，猝不及防的珍珠港遭到了日军的致命打击，港口内到处都是燃烧、下沉的战舰。战列舰“西弗吉尼亚”号和“田纳西”号均被击沉，这使美军元气大伤，同时也彻底坚定了美军参战的决心。

⊙ 1941 年 12 月 7 日，珍珠港被偷袭时，福特岛机场的一个燃料库被击中，火焰冲天而起。

⊙珍珠港事件促使美国人决心向日本宣战，1941 年 12 月 8 日，罗斯福总统代表美国向日本宣战，美国正式参加了第二次世界大战。

⊙ 1941 年 12 月 8 日，数以百万计的美国人听到了罗斯福总统的演讲。这是纽约华尔街财政大楼前，聚集在一辆汽车的无线电旁收听罗斯福讲话的人群。

⊙珍珠港事件后，罗斯福向丘吉尔保证，美国视德国为头号敌人，其次才是日本。

⊙珍珠港事件后，美国出版的宣传画《仇敌》！

⊙美国妇女参战。

⊙美国儿童捐献铝制品，用来制造飞机。

⊙美国参战后，美军准备派兵前往非洲战场。这是巴顿在出发前往摩洛哥的前夕，跟夫人在一起话别。

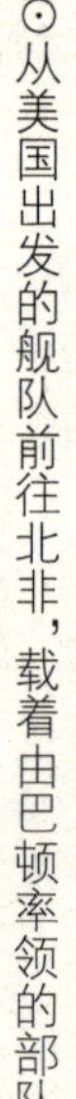

⊙从美国出发的舰队前往北非，载着由巴顿率领的部队。

⊙美国士兵用力将一架防空炮推上阿尔及利亚海滩。

⊙从英国出发的盟军舰队，目的地是法属北非。

⊙美英联军在阿尔及尔附近登陆。

⊙盟军为实施“火炬计划”，大批军事装备运抵法属北非。

⊙接受过特殊训练的美国进攻步兵被称作“别动队”。他们踢开房门，冲进阿尔及利亚的一幢建筑开始搜索，一位战友手持冲锋枪在一旁掩护。

⊙美军在卡萨布兰卡遇到抵抗，维希政府的法军出动了飞机，轰炸美军地面部队。

⊙ 1942 年 7 月，战争形势对反法西斯同盟十分不利。在太平洋战区，日本人发动了大规模攻势，先后占领了菲律宾、香港、马来西亚、新加坡等地，并有继续南侵澳洲之势。图为一名日军宣传员在菲律宾马尼拉一个拥挤的广场上，用一张巨大的地图演示日本军队的进程。

⊙ 1942 年 11 月 10 日，盟军举行了一次研究整个北非停火的会议。从左到右依次是：坎宁安将军、克拉克将军、达尔朗将军、艾森豪威尔将军。11 月 13 日，盟军任命达尔朗将军为北非的法军总司令。

⊙ 1942 年 12 月 23 日，法国的海军上将达尔朗被年轻的戴高乐分子邦内·德·拉·沙佩勒刺杀身亡。图为盟军高官和仪仗兵在达尔朗的葬礼仪式上。

⊙ 1942年，北非战局恶化，隆美尔攻占了具有重要意义的托卜鲁克，并向埃及大举进犯。图为『沙漠之狐』隆美尔。

⊙执行“火炬计划”期间的巴顿将军。

⊙在北非前线，正在指挥作战的巴顿将军。

⊙卡萨布兰卡郊外的米拉马尔饭店，这座饭店住着美军少将巴顿，他在“火炬计划”实施的第二天就在这里建立了指挥部。

⊙战死在非洲战场上的盟军士兵的墓碑。

⊙北非登陆成功后的巴顿将军。

⊙在摩洛哥的巴顿将军。北非登陆战役的胜利使他名声大噪，成了美国家喻户晓的英雄。

第八章
西西里岛登陆战与打人事件

1943年1月，在卡萨布兰卡会议上，美英首脑决定在突尼斯战役结束后，立即实施西西里岛登陆战，以迫使意大利退出战争。

1943年7月10日，亚历山大将军指挥的第十五集团军群发起西西里岛登陆作战。蒙哥马利的英军第八集团军担任主攻，巴顿指挥第七集团军担任助攻，任务是在西西里岛西南杰拉到利卡塔地段登陆，穿过该岛中央把敌军切成两半，并肃清岛西北角的敌军。

7月10日凌晨二时四十分，美第八十二空降师和英第一空降师的五千四百名官兵搭乘三百六十六架运输机和滑翔机从突尼斯出发，扑向西西里岛。三时四十五分，巴顿和蒙哥马利指挥的十六万美英登陆大军，分乘三千二百艘军舰和运输船，在一千架飞机的掩护下，在西西里岛的西南部和东南部实施登陆。海岸意军士气低落，仅进行了微弱抵抗。至中午时分，巴顿和蒙哥马利的部队顺利地登上了各自的目标滩头，并保持着攻击态势。

7月11日，西西里岛守军在意军古佐尼中将指挥下开始反击。德第十五装甲师从岛上西部调到了东岸，以阻击蒙哥马利的英第八集团军；德军戈林装甲步兵师和意大利的两个摩托化步兵师则向巴顿的美第七集团军发起反击。激战持续了一天，德军坦克几乎推进到距美第七集团军滩头阵地不足两公里处。巴顿亲临前线指挥美军奋力反击，海军也用猛烈的炮火轰击德军坦克。战至傍晚，德军损失大批坦克，被迫撤退。美军趁势攻占杰拉城。

就在美军进展顺利的时候，巴顿却接到命令，为蒙哥马利的第八集团军让路，同时担任他们的掩护。巴顿对此耿耿于怀。后来，因蒙哥马利进攻受阻，亚历山大不得不同意巴顿的第七集团军快速出击。7月22日，美国第七集团军登陆仅十二天就攻下了巴勒莫，俘虏意军5.3万人。巴顿的虚荣心得到了极大的满足，艾森豪威尔也为美军的胜利而兴高采烈。

与此同时，蒙哥马利却在两个重要方向上都陷入困境，他的第十三军被阻于卡塔尼亚，而向西迂回的第三十军也在阿德拉诺地区徘徊不前。

巴顿和布莱德雷见蒙哥马利受阻，决心变助攻为主攻，抢在蒙哥马利之前拿下墨西拿。巴顿开始向墨西拿发起猛攻。巴顿的脾气和个性在这个时候得到了最鲜明的体现，他的军队表现出了令人胆寒的基本特色——速度。他像个马贩子般拽着坦克往前赶，用连续不断的进攻，使后撤的德军来不及组织任何防御。

8 月 1 日，西西里岛战役中最激烈的战斗——特罗伊那之战打响了。但一心想夺取特罗伊那的美军遭到敌军的顽强抵抗，美军伤亡惨重。

就在此时，发生了巴顿打人事件。

8 月 3 日，因进攻受阻而焦躁不堪的巴顿，在视察一个后方医院时，发现了一个显然没有负伤的士兵也躲在医院里。巴顿问他为什么住院？他回答说：“因为我忍受不了。”医生说他得了“急躁型中度精神病”。这是他第三次到后方医院。巴顿听后勃然大怒，他痛骂这个士兵是胆小鬼，并用手套打他的脸，然后抓住他一脚踢出帐篷，高声怒吼：“我不允许这样的胆小鬼藏在这里毁坏我的声誉！我不管他吃得消吃不消，马上把他送回部队去！这个没出息的孬种！”巴顿认为，“为了使婴儿成长，有时要打他一个耳光。”

8 月 5 日，巴顿为此向部队发布了一份备忘录，命令各单位要对少数贪生怕死、借口神经衰弱而躲在医院里的胆小鬼严惩不贷。

特罗伊那终于被攻占了。但通往墨西拿的进攻仍然不顺。德国人有计划地边打边撤，沿途过河炸桥，并埋下数以万计的地雷。美军进展缓慢，这使巴顿心急如焚。

8 月 10 日，巴顿再次到一个后方医院视察，他又发现了一个未受伤的士兵住在医院里，此人患有“炮弹休克症”。他缩成一团，哆哆嗦嗦地回答巴顿的问话：“我的神经有毛病。炮弹飞来的声音我不怕，就是怕爆炸声。”

说罢便哭泣起来。巴顿勃然大怒，大声叫骂：“他妈的，你的神经有毛病，你完全是个胆小鬼，你这个狗娘养的。”接着，巴顿打了他的耳光，士兵哭了。“别他妈的哭了。我不能让这儿负伤的勇敢战士，看着一条狗杂种坐在这儿哭哭啼啼。”说着巴顿又打了这个士兵，他的钢盔被打落在地。“你立即回前方去，也许你会负伤或被打死，但是你要打仗。要是你不去，我就让你站在墙跟前，叫行刑队枪毙你。”巴顿一边说，一边伸手去摸腰间的手枪，“实际上，我应该亲手毙了你，你这个不要脸的哭鼻子的胆小鬼。”

此事虽然有人向盟军司令艾森豪威尔报告，但鉴于西西里战事未了，而巴顿这员虎将乃是不可多得的将才，因此艾森豪威尔未向外界公布此事。

后来，向墨西拿的进军变成了英、美两国军队的赛跑。8 月 17 日上午，巴顿的美军第三师抢在英军之前攻占了墨西拿。

西西里岛战役结束后，巴顿打人事件被新闻界披露出来。艾森豪威尔不得不致信巴顿，要求他检讨自己的行为，写出报告，保证今后永不再犯，并向有关人员和部队道歉。

这时，巴顿才感到问题的严重性。他在寓所里单独或成批地会见了当事人以及有关医生、护士、护理员等，向他们表示歉意，并同那两位士兵一一握手。然后，他到各部队巡视，发表讲话，表示道歉。

这是虚荣心极强的巴顿一生中感到最难堪的时刻。此事多亏艾森豪威尔和马歇尔的庇护，巴顿才免于被撤职的处分。

西西里岛战役取得了重大胜利。此役消灭德意十六多万人，迫使意大利退出战争。7 月 25 日，墨索里尼辞职。

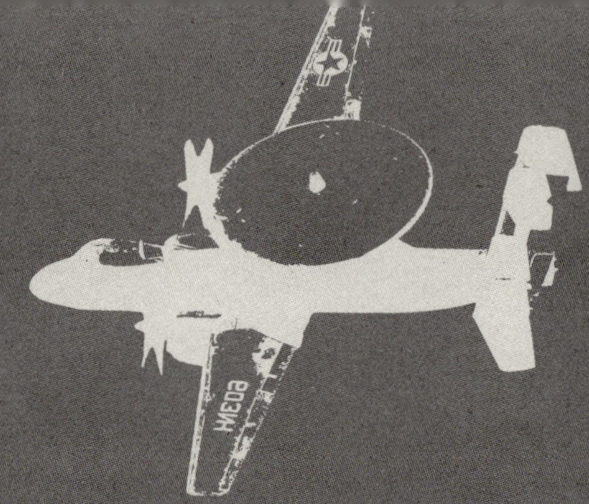

⊙ 1943 年 1 月 14 日，英国首相丘吉尔与美国总统罗斯福在摩洛哥的卡萨布兰卡举行会谈，法国将军吉罗和戴高乐也参加了会晤。会谈最后做出了肃清北非轴心国的部队，为攻占西西里、扩大地中海战场做好准备的重要决定。

⊙ 1943 年 1 月，作为卡萨布兰卡会议的东道主，巴顿与英国首相丘吉尔在一起。

⊙ 1943 年 1 月，巴顿和蒙巴顿在摩洛哥为一名海军游骑兵中士授勋。

⊙一架 C-47 运输飞机上的乔治·巴顿中将和奥马尔·布莱德雷中将。在第二次世界大战的关键时刻，他们同舟共济，互相配合，在世界战争史上传为佳话。

⊙ 1943 年 3 月 12 日是巴顿值得纪念的一天，他被晋升为三星中将，他的喜悦之情溢于言表。图为艾森豪威尔把中将的第三颗金星别在巴顿的军装上。

⊙美国三星中将巴顿，他的暴躁脾气常使顶头上司艾森豪威尔大伤脑筋。

⊙艾森豪威尔同巴顿在北非战场。“时而溜须拍马，时而狂妄自大。”艾森豪威尔这样评价巴顿，“有时候要不是考虑到他期望彻底击败敌军的决心，他早就被替换掉了。而他那种必胜的决心，是任何人都无法取代的。”

⊙北非战场，身为少将的巴顿站在他的指挥车里观察前线的战况。

⊙ 1943 年 3 月 15 日，在突尼斯加贝斯附近的战斗中，巴顿在他的指挥车上眺望战场形势。

⊙艾森豪威尔与巴顿及布莱德雷在一起亲切交谈。

⊙盟军指挥官在突尼斯相会（从左至右）：英国中东司令哈罗德、盟军西北非司令艾森豪威尔和巴顿将军在一起。

⊙ 1943 年 3 月 17 日，美第二军的步兵进入轴心国部队被迫放弃的突尼斯加夫萨城市堡垒。第二军曾在 1943 年 2 月中旬失去了这座城市，在巴顿的指挥下，第二军的士兵重新占领了这座城市。

⊙突尼斯战役中的巴顿。

⊙ 1943年3月29日，艾森豪威尔在战场上拜访了蒙哥马利。

⊙ 1943 年 3 月 30 日，巴顿将军。

⊙在进行争夺位于利比亚和突尼斯东南部之间边界的马雷斯防线的残酷战斗之前，英国第八集团军的一名坦克指挥官在沙漠的炎炎烈日下向队员们布置任务。

⊙指挥盟军北非地面部队的亚历山大爵士重整了自己的军队，并且阻止了敌军推进到突尼斯东北角的一座桥头堡。由于他的出色指挥，盟军在突尼斯最终取得胜利，亚历山大成为突尼斯的“统治者”。他有了一个新头衔：突尼斯子爵。

⊙在庆祝北非战场胜利的仪式上，士兵们扛着步枪列队经过突尼斯的街道，接受来自英国、法国和美国司令官的检阅。

⊙英军第八集团军的统帅蒙哥马利与巴顿在一起。

⊙英国第八集团军歼灭了德国非洲军团后，通过阿尔及利亚边境向突尼斯挺进。

⊙盟军进攻西西里前在突尼斯苏塞港集结。

⊙进攻西西里的主要组织者（从左至右）：美国大西洋舰队两栖部队统帅艾伦·柯克，美第七集团军司令乔治·巴顿中将，盟军进攻西西里岛的总指挥亚历山大将军。

⊙西西里战役中的美军第五集团军司令马克·克拉克（左）和第七集团军司令乔治·巴顿（右）。

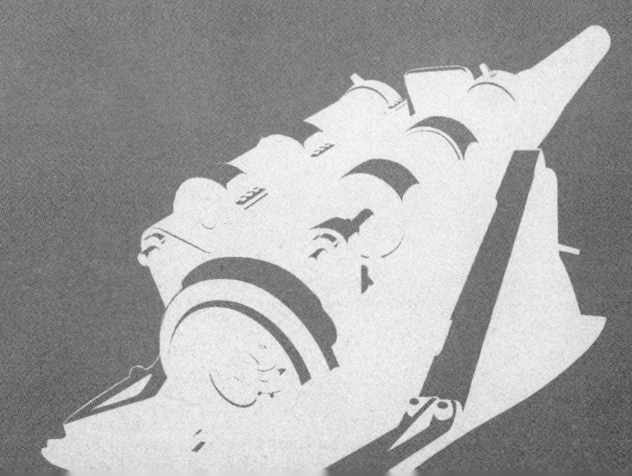

⊙ 1943 年 6 月，在一次不太正式的午餐上，巴顿和英国国王乔治六世在一起。

⊙ 1943 年，巴顿在一辆 M3A1 侦查车上。

⊙1943年7月10日凌晨二时四十五分，西西里战役的登陆行动开始了。艾森豪威尔将军称，这是欧洲解放战争中的第一页。

⊙1943年7月22日，美英联军在意大利的巴勒莫登陆。

⊙ 1943 年 7 月 28 日，巴顿与蒙哥马利在巴勒莫。

⊙巴顿随登陆部队登上西西里岛海滩（中间者），当他正涉水走上沙滩的时候，一位随军摄影记者在他的前方为他摄影，另一位记者捕捉到了这个画面。

⊙巴顿将军正在指挥美第七集团军在西西里岛登陆作战。

⊙巴顿的装甲部队在西西里岛上迅速行进。

⊙ 1943年7月，在西西里战斗中，美军医务兵正在救治一名负伤的士兵。

⊙在战争期间，巴顿只要有时间总要去医院看一看。他把看望伤病员视为自己的工作内容和崇高职责，并认为这有助于减轻他们的痛苦。图为在西西里的巴顿正在和伤兵交谈。

⊙在西西里岛登陆战中，受伤的同盟国部队的士兵躺在船上撤离。

⊙在西西里岛进攻战役中的巴顿将军。

⊙从表面上看，巴顿是豪迈直爽、生性粗鲁的一员猛将，一副铁石心肠，但凡长期与他相处的人都不难发现，在公众面前与私下里，巴顿将军完全判若两人。他善良敦厚，性格内向，很重情义，爱兵如子。

⊙一名因『炮弹休克症』躲避战事的士兵挨了巴顿一耳光。这是一记险些毁了巴顿前途的耳光。被媒体报道后，惹得国内舆论沸沸扬扬。

⊙艾森豪威尔专程来处理巴顿在医院的打人事件。这使巴顿认识到了事情的严重性，他向艾森豪威尔道了歉。

⊙巴顿将军和他的士兵。

⊙巴顿和亚历山大将军（左）、艾伦·柯克将军在一起。

⊙因粗鲁直率的言辞和对任何事物都没耐性的特点而出名的巴顿中将，知道如何获得战士对他的尊敬和忠诚。在西西里战役后，他把士兵们集结在一起，感谢他们在战争中出色的表现。

第九章 解放法国

1944年7月28日，巴顿将军受命指挥在欧洲大陆奋战的第三集团军所属各部队，他们是诺曼底登陆的第二梯队。8月1日，巴顿将军率领的第三集团军开始横扫布列塔尼半岛。

在两个星期之内，第三集团军的部队将半岛上溃败的德军赶进了洛里昂和布雷斯特两座港市，并肃清了卢瓦尔河至昂热一带的残敌，并向东越过了勒芒和阿朗松。

到八月底，德军依旧被围困在布列塔尼的两座港口城市里，第三集团军如入无人之境，向东绕过巴黎推进到兰斯——凡尔登——康麦斯一线。

早在9月5日，第三集团军部队已经位于梅斯和蓬托蒙松，到了9月15日，第十二军和第二十军的部队抵达摩泽尔河，并且在一些地方渡河。不过上级的作战计划使第三集团军的东进受阻，汽油以及其他军需物资的短缺使全面进攻陷于瘫痪。

9月25日，该战役结束。第三集团军已经肃清了摩泽尔河西岸、梅斯以北地区的敌人，并且在梅斯以南、摩泽尔河以东建立了几个稳固的桥头堡。吕内维尔和朗贝维莱已经纳入第三集团军的战线之内。

在南希驻扎的一个晚上，司令部周围遭到了炮击，巴顿带着几个人出门来抢救伤员。他听见废墟里传来许多人的哭叫声，看见一个法国人正在那里使劲地拉一条腿，似乎有人被压在废墟之下。巴顿过去帮忙，抓住了他的另一条腿，那人发出了一声尖叫后，立刻哽住了，最后变得无声无息。他们过去查看，发现他的脑袋被压在了一张桌子底下。

在他们拽这个人的时候，被压在废墟后面的一位老太太不停地哭叫。他的法国朋友不断地向她保证："我求求您，夫人，别嚷嚷了。安静点，镇定些。想想吧，伟大的巴顿将军正忙着搬砖，他还会大发慈悲，把医生和救护车找来。我再次恳求您安静些吧。"

第三枚炮弹飞来的时候，巴顿将军救出了这位不肯安静的老太太，炮弹几乎击中他们。后来巴顿说：“那天夜里我遭受的惊吓，超过了我从军以来的任何时刻。”

他是个富有同情心的人，但是他鄙视一切得了“战争恐惧症”的士兵，他认为他们是懦夫。每次发现这种人，他就会给他几个耳光，然后派他回到前线上去，为此他给自己惹了很多麻烦。记者对他的行径严厉批评，好几次都是艾森豪威尔出马才帮他摆平。在用左轮手枪威胁了一个有“战争恐惧症”的士兵之后，他被迫向这个士兵道歉。

想恢复和平，最好的办法就是赶紧把敌人消灭掉，看着法国人的痛苦，巴顿鼓励他的士兵不断前进，他告诉大家：“进攻，进攻，等到没油了，再

⊙ 1943 年 8 月，美英两国政府首脑在魁北克会议上通过了“霸王”作战行动计划，决定美英部队大约于 1944 年 5 月在法国登陆，进攻德国腹地。图为魁北克会议期间，罗斯福、丘吉尔及英国外交大臣艾登（前左）等在一起。

他妈的开步走！”

他对挖掩体防守十分轻蔑。一次，巴顿在视察师长艾伦的部队时发现，为了防空需要挖了许多狭长的堑壕，他立刻表现出对艾伦的轻蔑，一边大步走着，一边阴阳怪气地大喊：“特里，哪一个掩体是你的？”当特里·艾伦把他的掩体指给他看时，巴顿走过去，掀开门帘就往里撒尿，同时还蛮横地嘲弄艾伦：“你现在去享用它吧。”

在巴顿的带领下，第三集团军横扫欧陆，直至奥地利。九个月间，歼敌一百四十万人，一共解放了一万三千座城镇，平均伤亡率是盟军部队当中最低的，他成为士兵们最爱戴的将军。

⊙ 1943 年 8 月，巴顿和第三十步兵团的伯纳德中校在讨论军情。

⊙ 1943 年 11 月 28 日—12 月 1 日，美英苏三国首脑召开德黑兰会议，进一步讨论了“霸王”行动问题，罗斯福向斯大林保证，“霸王”行动一定按预定时间进行。图为罗斯福、丘吉尔和斯大林坐在俄国大使馆的前廊。

⊙ 1943 年 12 月 8 日，罗斯福在视察美国军队时与艾森豪威尔将军共乘一辆军用吉普车。

⊙ 1944 年 1 月中旬，巴顿和杰弗里・凯斯少将在意大利。

⊙ 1944 年 6 月 6 日至 7 月 18 日，盟军在法国北部实施诺曼底登陆战役，开辟第二战场。

⊙ 1944 年 6 月，等待“霸王”行动开始的美军士兵。

⊙诺曼底登陆前，英军第六空降师的士兵们正在奋力将一门反坦克大炮推上进入豪萨滑翔机的坡道。这种豪萨滑翔机能够运送大约七千磅的物资，诺曼底空运物资的 20% 是由这种飞机运送的。

⊙在诺曼底登陆的美军。

⊙1944 年 6 月 6 日，诺曼底登陆战中，一名美兵正匍匐爬向海滩。本图为美国摄影家罗伯特·卡帕所摄，拍摄时连所持相机都受到了炮火的震撼。

⊙美国空军的 A-20 歼击轰炸机，对诺曼底的德军防御工事发动了一次进攻前的袭击。在诺曼底登陆日前的五个星期里，美国空军部队飞行了大约 53800 架次，袭击敌人的海边防御工事和通讯目标，总共投掷了大约 30700 吨炸弹。

⊙诺曼底登陆中，盟军设计建造的临时码头，正是这些简易的混凝土结构，确保了盟军登陆部队的补给。

⊙诺曼底登陆期间，巴顿将军和他的助手在分析作战形势。

⊙ 1944 年 6 月 6 日上午，在贝希特斯加登司令部附近的一座城堡里，阿道夫 · 希特勒正在研究一幅地图，阿尔弗雷德 · 约德尔将军正向他指出盟军在诺曼底的滩头阵地。

⊙盟军登陆后，诺曼底在战火中遭到严重破坏的情景。

⊙ 1944 年 7 月，巴顿在诺曼底。

⊙诺曼底登陆期间的巴顿将军。

⊙ 1944 年 8 月 1 日，新组建的美国第三集团军全部投入了战斗。图为在高级军官及爱犬威利的陪同下，巴顿正在等候艾森豪威尔前来参加会议。

⊙在诺曼底登陆一个月后，盟军的司令官们聚集到一起谈论下一个阶段的战役计划，并且合影留念。巴顿将军站在前面，他的左轮手枪挎在腰上，布莱德雷将军站在他的旁边。蒙哥马利将军作为他们的总司令官，在照片上显得和蔼可亲。

⊙美国将军巴顿走出他的野战指挥部。

⊙在巴顿将军的第三集团军急需汽油的时刻，几乎所有有关的人员都在出工出力，空中乘务员伊丽尼・斯戴芬也帮忙卸下由 c-47 运输机运到的汽油罐。巴顿一天需要四十五万加仑的汽油，但一天最多空运 1.2 万加仑，还不够巴顿的部队塞牙缝的。

⊙巴顿将军和部下在一起。

⊙美第七十九师士兵躲在一堵矮墙后面，搜索德军留在法国拉瓦勒城内的狙击手，德军设立了路障并毁坏桥梁，以阻止美军前进。

⊙投入战斗之前，巴顿将军检阅他的部队。

⊙巴顿在战前视察部队。

⊙ 1944 年 8 月 16 日，美第二十军第七装甲师师长希尔维斯特少将，在装甲车上向沙特尔城欢庆胜利的居民们挥手致意。德军在该城的部分地区顽抗了两天。

⊙ 1944 年 8 月 17 日，法国奥尔良，美军一辆 M10 反坦克装甲车正在向卢瓦尔河对岸的德军坦克开火。

⊙ 1944 年 8 月 19 日，在法国警察的支持下，巴黎爆发了自发性的暴动，法国爱国人士用武力夺取了德军控制下的巴黎的一些要害部门。德国占领军司令迪特里希·冯·肖里茨将军同意与抵抗力量停火。

⊙硝烟笼罩着公路，美第三集团军的坦克碾过废弃的德军装甲车，向巴黎正西的德勒挺进。

⊙ 1944 年 8 月 24 日，在巴黎西南八英里处的查特福，法国第二装甲师士兵身着美制军服，用步枪和火箭筒向德军射击。

⊙配属巴顿第三集团军的“战斗法国”部队——勒克莱尔的法国第二装甲师，正在向法国下议院大楼发起进攻。直到 1944 年 8 月 25 日，仍有五百名德军士兵据守的下议院大楼，是巴黎最后被攻克的据点之一。

⊙巴黎的德国守军不再理会希特勒“战斗至死”的命令，他们向盟军投降了。

⊙ 1944 年 8 月 25 日，巴黎光复。图为欢庆胜利的巴黎市民和法国军队。

⊙ 1944 年 10 月 13 日，巴顿为二等兵厄内斯特・詹金斯授予银星奖章。

⊙ 1945 年 3 月 17 日，艾森豪威尔、巴顿和戴维斯将军正在讨论夺取美因兹－沃门斯地区并建立桥头堡的意义和前景。

⊙ 1945 年， 巴顿和歌手艾尔·乔逊。

⊙ 1945 年 3 月 23 日，巴顿在莱茵河上低头沉思。

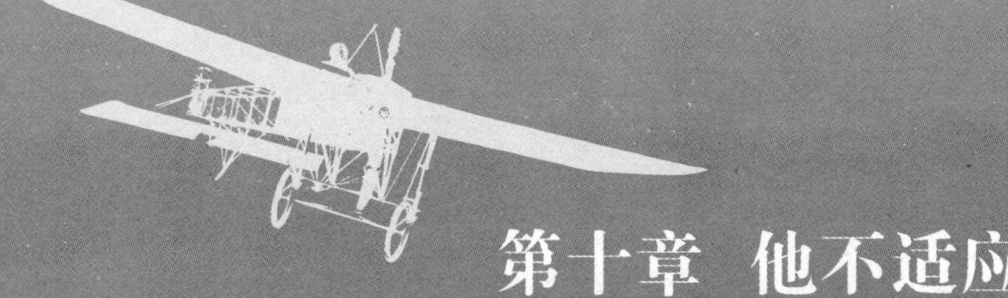

第十章 他不适应和平

1945 年 5 月 8 日，德国投降，美军和苏军在莱茵河会师。巴顿得到了许多勋章，被提升为四星上将。他甚至还“打败”了俄国人。

对苏联同行来说，巴顿显然是一位著名的人物。在一次两军共同的阅兵过程中，他们不时地把眼光集中到巴顿的身上，并且向他投来微笑。而巴顿对他们则紧紧地皱着眉头。尽管巴顿表现了这样一种不友好的姿态，一位俄国将军还是派了一名翻译到巴顿这里，邀请他在阅兵之后去饮酒。

“告诉那个俄国狗崽子，”巴顿吼叫着回答，“根据他们在这里的表现，我把他们当成敌人。我宁愿砍掉自己的脑袋，也不同我的敌人去喝酒。”

那位翻译吓得面无血色，结结巴巴地说：“对不起，先生，我不能把这样的话告诉那位将军。”

但是巴顿命令他，要把他的话一字一句地翻译出来，那位翻译勉强照办了。那个俄国人听了哈哈大笑，并且又说了一些话，翻译告诉巴顿：“将军说，他对你的看法恰好同你对他的看法一样，先生。他问道，既然如此，那你为什么就不能同他一起饮酒呢？”最后，他们还是一同去喝酒了，但是他把对方灌得烂醉如泥，自己却抖擞精神一步步走出酒吧间，他为这事十分得意。

战争结束了，可是新烦恼又来了，担任巴伐利亚军事长官和第十五集团军司令的巴顿上将对苏联十分敌视，口无遮拦的他随意地向新闻媒体宣布自己对苏联的不信任和渴望对苏联进行战争。因为他已经是一个在美国家喻户晓的神奇人物，这样的话说出来，美国一片哗然。

但是这不是时候，人们都希望的是重建，是重新开始生活，而不是战争。无论是艾森豪威尔还是杜鲁门，都不喜欢他的这张大嘴。艾森豪威尔为在下次选举当中能够成为总统，所以他开始批评这位忠心的老部下，让他闭嘴。

失意的巴顿感到了自己对政治的不明白，他更适合做一个职业军人，而不是和政客混在一起。这个时候他决定退休，准备在 1946 年初就提出这个申请。而在此之前，他要在欧洲好好打打猎，冬天来到的时候，巴顿在给妻子的信中写道：

“我可能要离开几个月，但是我不打算回到欧洲去，如果我能搞到一个好差事就继续留在军队里，否则我就要退休了……我一想到离开军队就痛恨不已，但是在这儿待着又算是怎么回事儿呢？我们在访问福克斯时能弄到一个机会……我今天本打算去猎野猪，但是雪太大了……在你收到这封信之前，我就能见到你了。”

但是她没能收到这封信，这位美国军神在打猎的途中发生了车祸。巴顿将军曾经把红皮座椅拧在吉普车上，在车身漆上自己的将星，装上高音喇叭和警报器。这辆著名的吉普车从北非一直开到欧洲，招摇过市，喧嚣了整个战场，却在和平时期的道路上出了事故。

他早就说过：“我想回美国，我怕死在这里，不是怕死，是怕不能战死沙场！”

他的老上级艾森豪威尔，在他去世之后给了他最好的评价：

“在巴顿面前，没有不可克服的困难和不可逾越的障碍。他就像传说中的大力神海格力斯，不会被战争重负压倒。在二战中，没有任何一位将领有像他那样神奇的经历和战绩。”

⊙巴顿将军在欧洲作战期间。

⊙四星上将巴顿与胸前戴满勋章的朱可夫元帅，在柏林参加阅兵仪式。

⊙ 1945 年 7 月 20 日，巴顿等将领陪同美国国防部长史汀生在柏林视察美军第二装甲师。

⊙巴顿、艾森豪威尔和美国总统杜鲁门在一起。

⊙巴顿吉普车的正面照。他在车上安着一挺机枪，因为他随时准备投入战斗。在战争中，巴顿一直坐在这辆吉普车上，不料当战争结束后，他也死在这辆车上。

⊙在同盟国的将军中，只有巴顿的吉普车上装着这样一挺机枪。因为他不是别人，他是巴顿。

⊙巴顿的心爱之物——吉普车。他的吉普车装饰花哨，招摇过市。这是他吉普车的头部。上面画有三颗将星，一面小旗，还有许多喇叭。

⊙巴顿吉普车的尾部。

⊙一代名将巴顿将军。

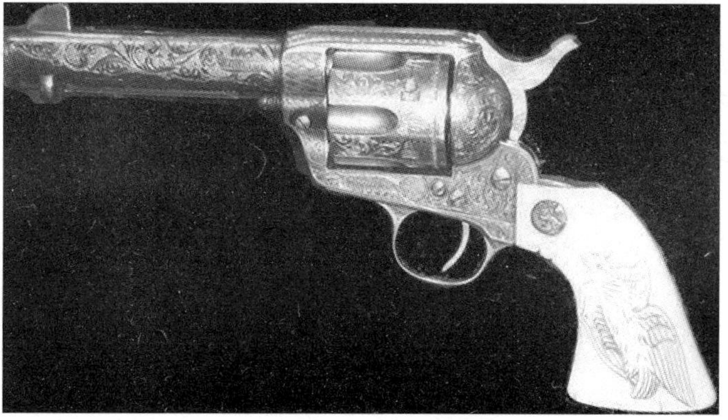

⊙巴顿的心爱之物——精美的佩枪。

⊙巴顿将军最具代表性的姿势。

⊙巴顿和他的爱犬。

⊙华盛顿国家肖像画廊里的巴顿油画像。

⊙ 1945 年 12 月 9 日，巴顿在打猎途中遭遇车祸，伤重身亡。图为 1945 年 12 月 21 日下午，美军为一代名将巴顿举行的葬礼。

⊙巴顿的遗体被安葬在卢森堡哈姆的美军公墓中，与第三集团军的六千多位阵亡将士们安息在一起，就像他生前与士兵们亲密无间一样。他的墓碑与周围的将士们一样质朴无华，上面刻着简单的墓志铭：乔治·S·巴顿 第三集团军上将 军号 02605。

⊙巴顿将军的长眠之地：卢森堡第二次世界大战中阵亡的美军官兵公墓。

⊙ 1946 年 1 月，巴特瑙海姆，巴顿的宠物犬威利躺在主人的遗物——箱子旁边。

⊙巴顿将军之墓。

⊙巴顿是第二次世界大战中美军最有作为的高级将领之一，他必将以一往无前的英雄气概和惊人的战绩而载入史册。图为美国影片《巴顿将军》的宣传海报。

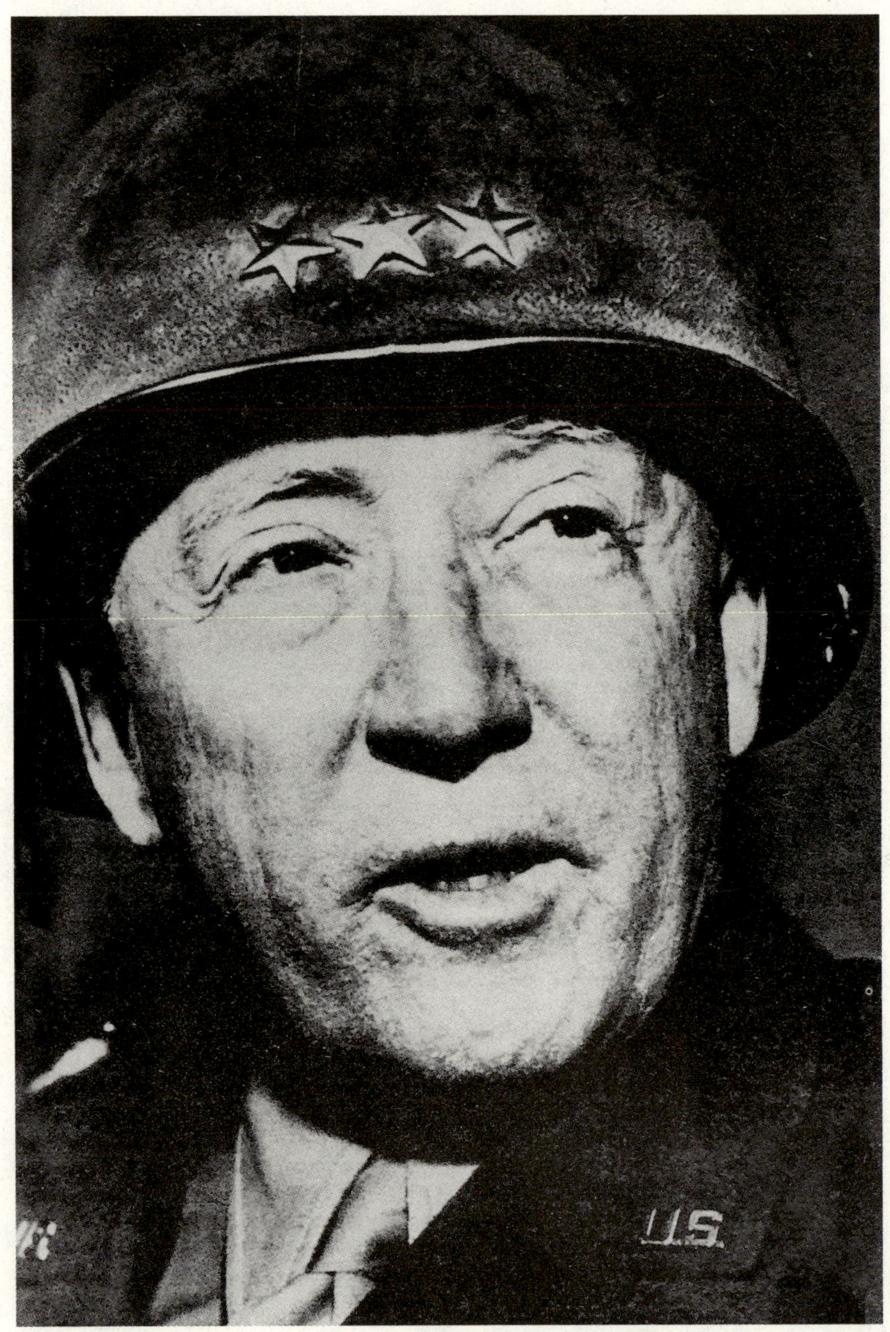

⊙美国巴顿将军。

巴顿将军讲话选录

如果命运安排我去死，那就让我勇敢而光荣地为最大限度地消灭敌人而死！啊，上帝，请保佑和指引那些先我而去的人！

——巴顿将军

其一

士兵们：

从阿弗朗什的走廊，到布雷斯特，穿越法国到萨尔，越过萨尔进入德国，现在又走过巴斯托尼，你们的记录是连续不断的胜利。你们不仅绝对地打败了凶残、狡诈的敌人，而且以钢铁般的意志克服了各种地理、气候的困难。无论炎热、灰尘，还是洪水、冰雪，都不能阻挡你们前进的步伐。你们在速度、战绩上创造了军事史上的奇迹。

最近，我在获得“优异服务勋章”之后，又接受了“橡叶勋章”。这枚勋章是授予我的，并不是因为我做了什么贡献，而是因为你们取得的成就。我从内心感谢你们。

我对你们的新的企盼和坚定的信念是：在全能的上帝的保佑下，在我们总统和最高司令部的卓越领导下，继续沿着胜利的道路前进，以打倒暴政，铲除邪恶，为死难烈士报仇，恢复世界和平。

我没有找到合适的词作为我的结束语，最好还是引用一句不朽的名言献给你们——

勇敢的军人，老兵们，你们经受了血与火的洗礼，成长为钢铁巨人。

其二

士兵们：

显然，你们大家知道战斗即将来临，但是，你们中的很多人并不了解战争。你们第四十五师的战士们必须面对这一现实，你们是要同久经沙场的老兵去竞赛。但你们也不要发愁，他们也都打过第一仗，他们的第一仗是打胜了，而你们也会打胜第一仗。

战争并不像那些从未打过仗的人想象得那么可怕。作家们夸夸其谈，说什么会思念你们的母亲、情人和妻子（妻子也是你们的情人）。这些作家们既没有听到过一声敌人的枪声，也从未耽误过一顿饭，他们不是按照战争的本来面目来描写战争，而是按他们的想象来描写。

战争是人类所能参加的最壮观的竞赛。战争会造就英雄豪杰，会荡涤一切污泥浊水。所有的人都害怕战争，然而，懦夫只是那些让自己的恐惧战胜了责任感的人。责任感，是大丈夫气概的精华。美国人可以为他们都是好汉而感到自豪。他们的确是好汉。

要记住，敌人也和你们一样害怕，可能比你们更害怕。他们不是超人。我们已经消灭了敌人的精锐部队，我们在下次战斗中将要碰到的并不是他们的精华。此外，你们还要记住，无论是在肉搏中还是在战斗中，总是进攻者取胜。招架是不能打胜仗的。但是敌人不了解我们的意图，因而他们必然是要招架的。

不让敌人进攻你的办法就是去进攻他，不停地向他进攻。这样可以防止敌人重整旗鼓。战斗中的死亡是因为时间和敌方有效火力在起作用。你们应以自己的火力去压制住敌人的火力，以迅速的行动来缩短时间。

我们美国是个喜欢竞争的民族，我们对任何事物都下赌注，我们好胜。在下一次战斗中，你们将参加一场有史以来最激烈的竞争。你们要同其他美国人和同盟国的军队竞争，去赢得荣誉——那就是胜利。最先取得胜利，达到目标的人，就是赢得最伟大荣誉的人。永远不要忘掉这一点。

还要记住，上帝，无论你们用什么方式去思念他，他总是和我们在一起的。

其三

士兵们：

我们正在前往西北非海岸登陆的途中。我们将受到祝福，因为我们是被选入参加这次壮烈行动的美国陆军。

我们的任务有三项：第一，强占滩头阵地；第二，占领卡萨布兰卡；第三，进攻德国人。

不管他们在哪儿，都要摧毁他们。我们可能受到有限数量的德国人的抵抗。目前还不清楚，法国是否会抗拒我们登陆。

当战斗的伟大时刻到来，切记你们受到的训练，牢记进攻的速度和锐气是制胜的关键。在登陆后的最初几天，不论白天黑夜，你们必须连续不断地工作，不要在乎睡觉，不要考虑食品。一品脱汗水将换得一加仑血。

全世界的眼睛都在注视着我们……上帝与我们同在……胜利一定属于我们！

《纽约时报》对巴顿将军的评价

历史已经伸出双手拥抱了巴顿将军，他的地位是牢固的，他在美国伟大的军事将领中将名列前茅……

巴顿是一个伟大的传奇式人物。他引人注目，妄自尊大，枪不离身，笃信宗教而又亵渎神灵。由于他首先是一个战士，因而容易冲动发火，由于他在急躁的外表之下有一颗善良的心，所以易受感动而流泪。

他是一个奇妙的火与冰的混合体，他在战斗中炽烈勇猛而又残酷无情，他对目标的追求坚定不移。他决不是一个只知拼命的坦克指挥官，而是一个深谋远虑的军事家。

有人曾把他同杰布·斯图尔特、内森·贝德福德·福雷斯特和菲尔·谢里登相比，但是巴顿所经历的战斗场面超过他们中的任何一位。他不是一位和平人物，也许他宁愿在他所热爱的部下都在忠诚地跟随着他的时刻死去。

他的祖国，会以同样的忠诚怀念着他。

巴顿生平大事年表

1885 年 11 月 11 日，出生于美国加利福尼亚州。

1909 年 6 月，毕业于美国西点军校，被调往美国第一集团军骑兵第十五团任少尉。

1917 年 美国参加第一次世界大战，巴顿任美国远征军总司令潘兴将军的副官，同赴法国。期间他曾经负责组训美国的第一支坦克部队，并指挥一个坦克旅参加作战，获“优异服役十字勋章”。

1918 年 11 月 11 日，第一次世界大战结束，巴顿回到美国，致力于坦克的研究、发展与训练工作。但随着美国孤立主义思潮抬头以及裁减军务，巴顿又被调回骑兵部队。

1920 年 自 1920 年至 1940 年，二十年期间，巴顿多次调动，担任过十几个不同的职务，并被送入骑兵学校、指挥参谋学校和陆军大学深造。

1940 年 第二次世界大战期间，美国总参谋部改组，马歇尔任参谋长，起用巴顿担任装甲旅旅长，后升任装甲第二师师长，负责组训装甲坦克部队。

1941 年 12 月 8 日，日本偷袭珍珠港，美国参加反法西斯战争。

1942 年 3 月，巴顿奉命调到因迪奥训练中心，负责坦克部队干部的培训工作。

7 月，调回华盛顿，担任美国西线特遣部队在北非登陆的组织工作。

11 月 11 日，率部在北非摩洛哥登陆，攻占摩洛哥后，担任驻摩洛哥总督。

1943 年 3 月，调回突尼斯，接任第二军军长。7 月，调任美国第七集团军司令官。在英国亚历山大将军的指挥下，配合蒙哥马利的第八集团军在意大利的西西里登陆，攻占巴勒拿，夺取墨西拿。期间，曾因两次“打耳光事件”引起美国军内和国内的舆论反对。

1944 年 6 月，盟军在诺曼底登陆后，巴顿指挥第三集团军，在西欧战场参加一系列重大战役，晋升为四星上将。

1945 年 5 月 9 日，对德战争结束，巴顿被委任为巴伐利亚军事行政长官，因政见不同被解职。

11 月，任第十五集团军司令。

12 月 9 日，因车祸受伤。

12 月 22 日，巴顿去世。